한 진보 교육자의 도시 지역 학교를 위한 선구적 비전

내가 꿈꾸는
교사의 길

A Schoolmaster of the Great City

by Angelo Patri

프로그레시브 에듀케이션 클래식 03

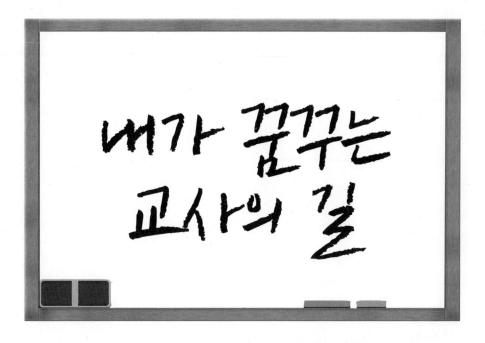

내가 꿈꾸는 교사의 길

한 진보 교육자의 도시 지역 학교를 위한 선구적 비전

안젤로 패트리 지음 박현정 옮김

우물이 있는 집

서문

　진보 교육. 오늘날의 시류에서 많은 것을 떠올리게 하는 말이다. 하지만 '진보와 보수'의 흑백 논리로부터 한발 물러나게 되면, 진보란 곧 전보다 나아지는 것이고 변화와 발전을 추구하는 것에 다름아니라는 것을 쉽게 알 수 있다. 안젤로 패트리의 책 《내가 꿈꾸는 교사의 길》이 표방하는 진보주의 교육 역시 결국에는 학교와 교육의 주인인 학생, 교사, 학부모의 교육적 요구를 충족시키고 낡은 학교와 낡은 교육 대신 새로운 학교와 새로운 교육을 정착시키기 위한 노력의 일환이라고 할 수 있다.

　《내가 꿈꾸는 교사의 길》은 프로그레시브 에듀케이션 시리즈의 세 번째 책이다. 100년 전, 참된 교육을 실천하기 위해 노력했던 안젤로 패트리. 그의 눈에 비친 당시의 교육 현실은 진보주의 교육을 절실히 필요로 하고 있었다. 우리는 그의 책을 통해, 먹고 살기도 어려웠던 시절에 아이들의 미래를 밝히고 아이들에게 투영된 부모들의 꿈을 실현시키는 일이 당시 교육자들에게 얼마나 큰 사명과 보람으로 다가왔을지 가히 짐작하게 된다.

안젤로 패트리의 고민은 오늘날에도 유효한 고민들이다. '아이들에게 정말 필요한 것은 무엇일까?', '아이들을 위한 학교가 되기 위해서는 어떻게 해야 할까?' 등이 그것이다. 안젤로 패트리가 '나의 학교'를 '우리 학교'로 만들 수 있었던 것은 이처럼 당연하면서도 평범한 진리들 속에서 변화와 발전의 실마리를 찾으려고 끊임없이 노력했기 때문이었다. 구태의연한 교육 환경, 변하지 않는 편견, 열악한 생활 환경 속에서 참된 교육보다는 현실적 이익을 추구하는 세태에 굴하지 않고 끊임없이 아이들과 학부모들을 관찰하고 그들에게 관심을 가지고 다가가는 것 그리고 가장 중요한 것은 아이들과 학부모들에게 스스로 교육을 조직하고 교육에 관련된 문제들을 해결할 수 있는 기회를 제공하는 것, 바로 이것들이 교육 주체들에게 책임감과 자각하는 능력을 길러 준 요인들이었다.

오늘날 우리는 늘상 '아이들을 위해서'라는 말을 앞세우고 있지만 정작 아이들은 힘들어하고 적응하지 못한다는 것, 아이들을 위한 교육에서 정작 아이들이 빠져 있다는 것을 느낀다. 바로 그 순간 교육이 가야 할 길에 대해 근본적인 질문을 던지게 된다. 안젤로 패트리 역시 '아이들이 교육의 중심에 서기 위해서는 어떻게 해야 할까?'라는 질문을 던지며 그러기 위해서는 "학교와 교사, 학부모가 아이들 속으로 들어가야 하고 주위 환경이 아이들을 믿어야 하고 아이들에게 더 많은 관심을 가져야 한다"라는 명쾌한 답을 제시한다.

편집부

차례

1장

배경

이야기꾼 아버지

아직도 기억이 생생하다. 매일 밤 우리 가족은 이웃집 가족과 함께 난롯가에 모여 앉았고 그때마다 아버지께서는 십자군 기사들의 이야기와 '자랑스러운 이탈리아'를 빛낸 영웅들의 이야기를 들려주곤 하셨다.

아버지는 정말 대단한 이야기꾼이었다. 힘차면서도 부드러운 그 목소리는 듣는 사람의 마음을 가라앉혀 주었고, 그럴듯하게 과장하는 그 말솜씨는 이야기의 흥미를 한층 높여 주었다. 그래서일까, 이야기 속 전사들은 마치 우리가 보는 앞에서 싸움을 벌이며 승리의 환호성을 지르는 듯했다(그들은 소아시아와 시칠리아의 경계를 이리저리 넘나들었고 프랑스와 독일 그리고 영국의 수많은 성들을 종횡무진 누비고 다녔다). 우리는 시간 가는 줄 모르고 이야기에 빠져들었다. 그리고 다음날 밤이 되면 '선하고 위대한 사람들의 정신'에 고무되고 감격하기 위해 어김없이 난롯가로 모여들었다.

그 후 우리 가족과 이웃집 가족은 바다 건너 뉴욕으로 이사를 했고 그

곳에서 '작은 이탈리아'를 이루며 살게 되었다.

내가 도시 학교를 다니기 시작한 것은 열두 살 때의 일이었다. 그러니 그 전까지 내가 알고 있던 영어는 거의 대부분이 길거리에서 배운 영어라고 해도 과언이 아니었다. 나는 이탈리아어를 알고 있었다. 그래서 일곱 살 때 이후로는 줄곧 이웃들의 편지를 대신 써 주게 되었는데 특히 여자들의 경우 구석진 곳으로 나를 데려가서는 이탈리아에 사는 친구들에게 편지를 써 달라고 부탁하는 일이 많았다. 나는 그들이 불러 주는 말을 그대로 받아 적었다. 그리고 그제야 비로소 보통 사람들의 '심장 뛰는 소리'가 어떤 것인지를 깨달을 수 있었다.

내게 이탈리아어를 가르쳐 준 삼촌이 이탈리아로 돌아간 후 나는 친구를 따라 '미국' 학교에 가게 되었다. 내가 이름과 나이를 말한 다음 육십 명 정도 되는 아이들 속에 섞여 앉았을 때 칠판에 적힌 '1887년 3월 5일'이라는 날짜가 눈에 들어왔다. 우리는 선생님을 따라 '1887년 3월 5일'이라고 소리 내어 읽었다. 매일 아침 우리는 이와 똑같은 일, 즉 '선생님을 따라 하는 반복 학습'을 할 수밖에 없었다. 하루, 이틀, 아니 몇 년이 지나도 달라지는 것은 없었다. "피륙 1야드의 값이 3센트야. 그럼 25야드의 피륙을 사려면 얼마를 지불해야 할까?" 1야드가 3센트라면, 25야드는 25에 3을 곱한 값, 즉 75센트가 된다. 이러한 설명 방식은 변하지 않았고, 사실적이거나 논리적이라고 할 수 없었다.

하지만 이런 판에 박힌 일보다 더 강한 인상을 심어 준 일이 하나 있었다. 비쩍 마른 몸에 창백한 얼굴을 하고 다녔던 나는 늘 골골하면서도 가만히 앉아 있는 것을 좋아하지 않았다. 마음껏 뛰어 놀고 싶었고, 친구들과 이야기하고 싶었고, 여기저기 돌아다니고 싶었다. 하지만 만약 그런 행동을 했다면 나는 선생님의 꾸지람을 들었을 것이고 또 학교가 파한 후에도 계속 교실에 남아 있어야 했을 것이다. 내가 원할 때 밖으로 나가지 못한다는 것은 정말 참을 수 없는 고통이었지만 어쨌든 나는 그 고통을 감내할 수밖에 없었다. 그 때문이었을까, 집으로 돌아온 나는 몸을 가누지 못하고 자리에 누운 적이 한두 번이 아니었다.

나중에 알게 된 사실이지만, 옆 사람과 떠들지 않고 가만히 선생님의 말씀을 듣고 있는 아이들에게는 딱 일 분 동안 교실 밖으로 나갈 수 있는 특권이 주어졌다. 그래서 나도 그 일 분 동안의 자유를 얻기 위해 아주 얌전히 몇 시간을 버틴 적이 있었다(학교 생활에서 가장 기억에 남는 장면이 바로 이 장면이다). 나는 얌전히 앉아 단어들을 따라 읽었고 결국 일 분 동안 밖으로 나갈 수 있게 되었다.

십 년을 그렇게 지낸 나는 어느덧 대학까지 졸업하게 되었다. 모든 것이 병病과 학교 훈육 덕분이었고 만약 그런 식으로 하지 않았다면 학교를 더 오래 다닐 수밖에 없었을 것이다.

도시 이민자들의 집단 생활은 모국의 '촌락 전통'을 이어가려는 하나의 시도였다. 우리가 살던 지역에는 이탈리아에서 온 이민 가족이 수백 가구가 넘게 살고 있었다. 여름날 밤이면 길가나 현관 계단(또는 안마당)에 모여 앉아 이야기와 노래로 꿈을 키웠고 겨울이 되면 눈으로 '반원형 아치'를 만들었다(눈으로 아치를 만든 건 주로 남자들과 아이들이었다).

하지만 가구 수가 늘면서 우리 동네는 사람들로 넘쳐나게 되었다. 결국 몇 집이 이사를 가게 되었고 우리 집도 그런 집들 중 하나가 되었다. 우리는 과거의 집단을 대신하는 새로운 집단의 일부가 되기 시작했다. 거대한 기계 장치를 갖춘 도시는 점점 더 많은 사람을 필요로 하게 되었고 사람들이 계속 모여들면서 도시는 더욱 확고하게 뿌리를 내리기 시작했다. 친근하고 색다른 것 그리고 아름다운 것들은 호소력을 잃고 말았다.

나는 학교를 다녔다. 아버지께서는 일하러 다니셨고, 어머니께서는 집안 살림을 돌보셨다. 매일 저녁 난롯가에 모여 앉아 이야기 꽃을 피우던 우리는 이제 뿔뿔이 흩어져 각자의 자리를 차지하고 있었다. 누군가는 고단한 육신을 달래야 했고 또 누군가는 다음날 있을 수업 준비를 해야만 했다. 학교의 요구 사항은 쉴 틈 없이 나를 괴롭혔고, 고된 노동은 아버지의 몸을 지치게 만들었다. 그뿐만이 아니었다. 늦은 밤 고향 사람들과 정을 나누는 일도 점점 뜸해져 갔다. 나는 가정으로부터 멀어졌고 가정도 내게서 멀어지고 말았다.

하지만 아버지께서는 무엇을 해야 할지 알고 계셨다. 내 주위의 아버지들 대부분이 집을 장만하거나 사업을 벌이는 데 돈을 투자했지만 나의 아버지께서는 당신보다 훌륭한 자식을 만드는 데 자신의 체력과 사랑 그리고 돈과 안락함을 투자하셨다. 당신의 아들이 십자군 정신의 계승자가 되는 것을 꿈꾸셨던 것이다. 나의 꿈은 의사가 되는 것이었지만 아버지께서는 늘 성직자가 되어 있는 아들의 모습을 기대하셨다.

아버지가 나를 위해 일하는 동안 나는 내 자신을 위해 공부를 했다. 아버지의 꿈과 희망은 가족에 초점이 맞춰져 있었지만, 나의 희망은 가족이라는 울타리 너머에 있었다. 나는 밤 늦도록 공부를 했고 아버지와는 전혀 다른 삶을 살기 시작했다. 하지만 '혼자만의 삶'을 살게 된 나는 가족의 소중함을 잊어 버릴 수밖에 없었다. 심지어 가족이 부끄럽다는 생각이 들 때도 있었는데 그 이유는 바로 나의 가족이 미국인처럼 보이지 않거나 미국인처럼 말하지 않는다는 것 때문이었다.

가난하고 하찮은 삶을 살고 있다는 생각에 좌절하고 있던 나는 종종 아버지의 일터를 찾아가곤 했다. 삼십 미터 높이의 비계 위에서 일하는 아버지의 모습을 볼 때마다 나는 머리가 멍해지고 가슴과 목이 메어 오는 느낌을 받았다. 그리고 다시 한번 아버지를, 강하면서도 부드러운 목소리와 아득한 눈길로 이야기하는 시인이자 이야기꾼이라고 생각하게 되었고 아버지의 영혼 속에 자리잡은 시인과 나를 연결시키게 되었으며 하루 이 달러의 박봉으로 살아 가는 아버지가 왜 나를 대학에 보내셨는지 알게 되었다.

아버지의 강인함을 사뭇 자랑스러워 했던 나는 스스로의 도덕심을 키우며 아버지의 꿈을 이루기 위해 노력했다. 하지만 아버지가 십여 미터 높이에서 떨어진 후 일 년 내내 병석에 누워 계셨을 때 나는 가르치는 일을 시작하게 되었다. 그리고 그것은 아버지가 꿈꾸던 삶과는 전혀 다른 삶이었다.

나의 첫 교사 생활

내가 처음 교사로 일했던 학교의 교장선생님은 나의 초등학교 은사들 중 한 분이었다. 교장선생님은 새로운 학교를 개교하고 있었고 나를 진심으로 환영해 주었다. 나를 교실까지 안내해 준 교장선생님은 교실 문을 열고 내 등을 밀면서 "자네가 맡게 될 학급일세"라고 말하고는 이내 사라지고 말았다.

교실에는 66명의 학생이 있었다. 학생들의 나이는 여덟 살부터 열다섯 살까지 아주 다양했다. 그때까지 학생들은 임시로 부임한 교사들을 괴롭혀 학교를 떠나게 만들었다고 한다. 교장선생님의 따뜻한 환대는 나에 대한 친절이었다기보다는 교장선생님 자신이 걱정으로부터 벗어날 수 있었기 때문이었다.

첫날 수업이 모두 끝났다. 학교에 남아 있던 남자 아이들 몇 명이 한두 시간 후 교문을 빠져나갔다. 소란을 떤 벌로 학교에 남아 있어야 했던 덩치 큰 남자 아이들 중 하나가 가던 걸음을 멈추고 내게 물었다.

"내 일 오실 거죠?"

"그럼, 오고 말고. 그런데 그건 왜 묻는 거냐?"

"선생님 몇 분은 하루 만에 그만두셨고 또 몇 분은 이틀 만에 그만두셨거든요. 내일이 이틀째 되는 날이라서."

그 아이는 나에 대해 알지 못했다. 나의 강점 중 하나는 바로 훈육방식에 있었다. 사실 몇몇 용어들을 제외한다면(그것들은 결코 나의 일부가 되지 못했다) 교과목과 교육학 그리고 심리학에 대한 나의 지식은 정말 보잘것없는 것이었다. 하지만 나에게는 강한 훈육에 대한 확신이 있었다. 만약에 내가, 빼먹은 수업을 보충하기 위해 몇 시간씩 방과 후 수업을 하지 않았다면 어떻게 되었을까? 만약에 내가, 옆 자리에 앉은 친구에게 연필 한 자루를 빌려 달라고 했다가 선생님께 혼나지 않았다면 어떻게 되었을까? 만약에 내가, 학교를 결석한 벌로 그리고 내 권리를 주장하며 선생님께 대든 벌로 몇 시간씩 무릎 꿇고 앉아 있지 않았다면 어떻게 되었을까? 만약에 내가, 학교를 다닌 십 년 동안 평가를 받지 않았다면 어떻게 되었을까? 만약에 내가 등급과 점수를 받지 않았다면 어떻게 되었을까?

당시에 훈육은 기본적인 교육 개념이었다. 학생은 교사가 원하는 대로 해야 했고 교사는 주인이 되어야만 했다. 교사로서 나의 업무를 판단하는 기준이 훈육이었고, 교사로서 나의 삶을 좌우한 것 역시 훈육이었다.

훈육이 중요한 문제였던 만큼 나는 훈육을 할 수밖에 없었고 또 그에 상응하는 중압감을 느낄 수밖에 없었다. 나는 집에 돌아오자마자 등기 편지를 보냈다. 규칙에 어긋나는 모든 행동을 지적했고 나의 지적을 피할 수 있는 학생은 없었다. 심지어 잘못을 저지른 아이가 제대로 처벌을 받았는지 확인한 적도 있었다.

출석자 수가 일정 수준 밑으로 떨어질 때마다 교장선생님으로부터 주의를 받아야 했던 나는 무단으로 결석하는 학생들의 집을 찾아 다녔다. 교장선생님이 "아이들은 뼈 빠지게 공부해야 한다"라고 말했기 때문에 나는 아이들의 학업 부진에 대한 불만을 토로하러 다녔던 것이다.

한번은 아이들에게 에드몬드 홈즈의 말을 들려줬던 것 같다.

"너 스스로 너 자신의 모범이 되도록 해라. 그렇지 않으면 내가 너의 모범이 되어 보이겠다. 내가 하는 일을 너도 할 수 있도록 배워야 한다. 내가 생각하는 것을 너도 생각하도록 배워야 한다. 내가 믿는 것을 너도 믿도록 배워야 한다. 내가 존중하는 것을 너도 존중하도록 배워야 한다. 내가 목표하는 것을 너도 목표하도록 배워야 한다. 내가 이룬 일을 너도 이루도록 배워야 한다."

첫 달이 다 지나갈 무렵, 나는 확실한 성공을 거두고 있었다. 내가 운영한 학급 훈육방식과 결석 학생에 대한 즉각적인 조치가 인정을 받았던 것이다. 사학년을 가르치던 나는 오학년 담임, 그것도 새롭게 편성된 학급의 담임을 맡게 되었는데 이 모든 것이 효과적인 훈육 방식 덕분이었다. 내가 맡은 학급은, 다른 선생님들은 맡으려 하지 않는 아이들로 구성되어 있었다. 한마디로 말해서 오십 명의 '부적합한 학생들'을 내가 맡았던 것이다.

교실이라고 해 봐야 강당 구석에 셔터로 막아 놓은 공간이 전부였다. 의자는 기다랗기만 했지 바닥에 고정되어 있지도 않았다. 그리고 작문 수업을 하기 위해서는 앞쪽 의자에 붙어 있는 책상을 뒤로 돌려 뒤쪽 의자의 책상이 되도록 해야 했다. 거의 매 시간 책상이 넘어졌고 그럴 때마다 종이는 종이대로 흩날렸고 잉크는 잉크대로 쏟아졌다. 깔깔거리며 웃는 아이들과 아우성치는 아이들이 있는가 하면 앞자리에서 물구나무를 서는 아이도 있었다. 물구나무를 선 아이는 "서커스단원이 되려구요"라고 말했다. 머리에 굳은살이 박여 있는 걸로 봐서는 꽤 많은 훈련을 받고 있는 것 같았다.

나의 훈육 방식은 처참하게 실패하고 말았다. 방과후에 아이들을 남아 있게 하면 그 다음날은 내가 남아 있게 한 시간만큼 늦게 학교에 왔고 아이들의 부모님을 찾아가면 하나같이 "어쩔 도리가 없어요"라고 말했다. 아이들의 부모님도 자기 아이가 불량 학생이라는 것을 알고 있었던 것이다. 아니, 부모님들은 오히려 가정 방문을 하느라 오후 시간과 저녁 시간을 허비하는 '키만 껑충한 나'를 딱하게 여기는 것 같았다.

훈육, 훈육! 그것은 아무짝에도 쓸모 없는 일이었다. 나는 다시 한번 "너 스스로 너 자신의 모범이 되도록 해라. 그렇지 않으면 내가 너의 모범이 되어 보이겠다. 내가 하는 일을 너도 할 수 있도록 배워야 한다"라고 타일렀지만 결국 그 말은 공염불로 끝나고 말았다. 훈육, 나의 '위대한 중심점'이었던 훈육은 그것이 무엇인지 모르는 사람들을 만나면서 실패의 위기에 처하고 말았다.

내가 할 수 있는 일은 무엇이었을까? 나는 아이들에게, 한마디도 놓치지 않으려고 귀를 쫑긋 세우고 들었던 아버지의 이야기와 이탈리아의 여러 산에서 보냈던 어린 시절 이야기 그리고 노새 등에 식량을 싣고 우리의 친구들을 찾아갔던 '한밤의 탐험' 이야기와 아버지가 맨손으로 늑대를 때려잡은 이야기를 들려주었다.

아이들은 내 이야기에 귀를 기울였고 나는 그 다음 이야기가 기다려지도록 끝을 맺었다. 그런 다음 나는, 학교는 아이들이 원하는 것을 들어주고 아이들은 학교의 요구대로 행동하는 것이 어떠냐고 제안을 했다. 그리고 해야 할 공부를 다 하고 '착한 학생'이 되면 더 많은 이야기를 들려주겠다는 식으로 아이들의 관심을 끌었다.

그것은 아이들과 교사 간의 전쟁, 즉 배우기를 거부하는 아이들과 배워야 한다고 주장하는 교사 간의 싸움이었다. 하지만 아이들과의 '거래' 덕분에 훈육은 다시 살아날 수 있었다.

약속을 지키지 않는 아이들은 이야기를 듣지 못하는 고통을 감수해야만 했다. 산수 문제를 풀지 않으면 이야기는 없다! 떠드는 사람도 이야기를 들을 수 없다! 변화가 필요한 것은 다른 반 아이들도 마찬가지였다. 왜냐하면 다른 반 아이들 역시 이야기를 원하고 있었기 때문이다. 아이들의 관심을 끄는 데 성공한 나는 모험 이야기 대신 옛 영웅들의 이야기를 들려주었고 그 덕분에 수백 가지의 이야기를 들려줄 수 있었다.

훈육이 다시 한번 나의 슬로건이 되는 순간이었다.

그러던 어느 날 새로운 문제가 발생하고 말았다. 아이들을 가르치기 시작한 지 일 년쯤 되었을 때 '방법론'이 학교의 슬로건으로 선정되었고, 모든 선생님들이 산수 교수법, 철자 교수법, 역사 교수법, 지리 교수법 등을 배우게 되었던 것이다. 선생님마다 서로 다른 교수법을 적용하기 시작했고 이 교실 저 교실을 돌아다닌 장학사들은 저마다 다른 교수법에 혀를 내두르고 말았다.

혼돈 속에서 질서를 회복한 것은 바로 교장선생님이었다. 방법론 책자에 기초하여 각 과목의 교과과정이 수립되었고 교사들은 일과 프로그램에 따라 업무를 수행해야만 했다. 그리고 교장선생님과 장학사들은 그것을 토대로 감독관리를 실시했다.

선생님들은 "이 모든 일들이 부담으로만 느껴진다"라고 말했다. 학교의 지침을 따르지 않으면 나 또한 비난을 면할 수가 없었다. 결국 나는 이 일의 궁극적인 목적을 따져 묻기 시작했다.

내가 왜 '규정된 방식'으로 역사를 가르쳐야 하지?

"여러분, 37쪽을 펴세요. 첫 번째 문단을 잘 읽어 보세요."

그리고 2분 뒤.

"이제 책을 덮고 여러분이 읽은 내용을 말해 보세요."

학교의 지침을 중단시킬 수도 없었고 또 이의를 제기하거나 평가를 할 수도 없었다. 단지 기계적이고 따분한 '죽은 공부'만이 있을 뿐이었고 모든 교사와 학급은 그 방식에 따라 수업을 할 수밖에 없었다.

철자 수업이 최악이었다. 매일 스무 개씩 새로운 단어를 배워야 했는데 그 단어들이 여간 어려운 것이 아니었다. 단어를 통해 학생들은, 교장선생님께서 정신 교육이라고 말하는 기억력을 단련해야만 했다. 단어를 배운 다음날, 아이들은 정해진 순서에 따라 스무 개의 단어를 종이에 적었다. 아이들끼리 서로 답안지를 바꿔 고치도록 했는데 만약 틀린 것을 발견하지 못하면 발견하지 못한 학생이 감점을 받는 식이었다. 통과하지 못한 아이들은 칠판에 이름이 적히는 것은 물론, 교실에 남아 틀린 단어를 다시 암기해야만 했다.

장학사들이 돌아다니며 칠판에 적힌 것이 정확한지 아이들에게 물었기 때문에 그 어느 교사도 감히 그것을 바꿀 생각을 하지 못했다.

교사들은 이의를 제기하는 대신 교사와 아이들의 노력을 최소화해서 원하는 결과를 얻는 방법을 고안하기 시작했다. 이제 그 일은 더 이상 가르침의 문제가 아니었다. 단지 장학사들로부터 더 좋은 평가를 받을 수 있느냐 없느냐의 문제였다.

나는 간단하면서도 효과적인 방법을 사용했다. 최소의 노력과 시간으로 스무 개의 새로운 단어를 고르는 데에는 사전만큼 좋은 것이 없었다. 사전의 단어배열은 그 자체만으로도 아주 큰 도움이 되었는데 가령 원하는 단어 스무 개를 채울 때까지 A에서 두 단어, B에서 두 단어 하는 식으로 단어를 선정했다. 이런 방식은 아이들에게도 큰 도움이 되었다. 단어가 알파벳 순서로 배열되어 있기 때문에 더 쉽게 단어 목록을 기억하거나 검사할 수 있었던 것이다. 통과하는 학생의 비율도 높아졌고 또 교실과 교사의 정신적 긴장감도 최소로 줄어들게 되었다.

"왜 내가 이런 일을 해야 하나?"라는 의문이 마음 한 구석에 남아 있었다. 또 다시 1년이 지나고 나서야 나는 동료 교사들이 교육과 교육 과학 그리고 교육 원리에 대해 논의하고 있었다는 것을 깨달을 수 있었다. 그리고 문득 드는 생각에, 대학에 가면 무엇을 위해 가르치고 어떻게 가르쳐야 할지 알려 줄 사람을 찾을 수 있을 것 같았다. 나는 나 자신이 교사로서의 자질이 부족하다는 것을 깨닫게 되었다. 훈육은 정신적으로 큰 부담이 되는 것은 물론, 아주 생산적이라고도 할 수 없었다.

개혁 의지의 후퇴

교사 생활을 시작한 지도 어언 2년, 그 어디에서도 자신의 정체성을 발견하지 못한 나는 '내가 아이들에게 봉사하는 것이 얼마나 가치 있는 일일까?'라는 생각을 하게 되었다. 내가 한 일은 그 자체로서 평가되는 것이 아니라 누군가 다른 사람에 의해 평가되었다. 즉 그 사람의 기분이나 '나와 그 사람의 관계'에 따라 달라지는 어떤 변덕스러운 기준이 내가 한 일을 평가하는 기준이 되어 버렸던 것이다. 나에게는 새로운 아이디어와 신념이 필요했고 무엇을 어떻게 해야 할지 알려 줄 수 있는 사람이 필요했다. 결국 나는 '확실히 알고 싶다는 이유로 대학에 가는 것이 과연 잘하는 일일까?'라는 의구심을 뒤로 한 채 대학에 가기로 결심했다.

한 해를 마무리하면서 내가 1년 동안 했던 일을 정리해 보았다. 여러 단체와 기관을 찾아 다녔고 여러 교수님으로부터 많은 이야기를 들었다. 하지만 하나같이 막연하고 '생명이 없는' 말들뿐이었다. 나는 낙심하지 않을 수 없었다.

그러나 그 다음 해에 나는 내가 필요로 하는 것을 찾아내고야 말았다. 그것은 바로 맥머리 박사의 강의와 《윤리 규범》에 관한 듀이의 에세이였다(듀이의 에세이는 토론 교재로 사용되었다).

하지만 거기에는 교수법과는 거리가 먼 새로운 표현들이 있었다. 행위는 사람들의 행동 방식으로서 학습과는 거의 관계가 없었다. 그럼에도 불구하고 행위는 학과를 암송하는 능력이 아니라 학습에 대한 진정한 시험이자 문화의 상징이었다.

행위는 그 아동이 진정한 사회적 관심과 지적 능력 그리고 재능을 지녔는지 여부에 대한 열쇠를 제공했다. 행위가 활동성을 의미한 반면, 학교는 수동성을 의미했다. 행위는 개인의 자유를 의미할 뿐 공식화된 견해에 대한 맹목적 추종이 아니었다. 얻어진 지식은 곧바로 사용되어야 했고 지식의 가치는 아동의 직접적 필요에 대한 적합성 여부에 의해 판단되어야 했다.

아동 교육에 있어 가장 큰 오류는 바로 '미래를 위한 훈련'이라는 생각이었다. 미래를 위한 훈련은 곧 현재의 죽음을 의미했다.

아동은 끊임없이 활동하는 존재이자 침묵하지 않는 존재다(결코 앵무새 같은 존재가 아니다). 교사는 간섭하거나 강제할 수도 없고 또 몰아낼 수도 없다. 교사의 역할은 지켜보면서 지도하는 것이 전부다. 교사가 문제를 내줄 수는 있겠지만 문제를 해결하는 것은 아동들의 몫이다.

징벌적 습관은 침묵하는 순종의 하나라기보다는 아동들의 행동에 관한 문제였다. 판단은 지식의 적용 문제이지 말장난이 아니었다.

사회적 공감은 긴밀한 소통, 상호 협조, 공동 학습, 공동 놀이, 그리고 사리에 맞는 지도력의 결과였다. 웃고, 이야기하고, 꿈꾸는 일조차도 학교생활과 협조하는 집단의 일부였다. 행위는 항상 다른 사람의 생각을 수용했다. 결코 고립적이거나 자기중심적인 것이 아니었다.

당시의 평가, 징계, 상벌의 전반적인 체계는 잘못된 것이었다. 그것은 아동을 하향 평준화시키는 방법임과 동시에 이상을 추구하며 공부하는 것을 방해했다.

나는 그때, 아동은 가만히 앉아 있지 말고 계속 움직여야 하며 완전한 형식을 단순히 반복하는 것이 아니라 실수도 해야 하며 선생님의 작은 복제판이 아니라 반드시 자기 자신이어야 한다는 것을 인식하게 되었다. 각각의 아동이 지닌 개성의 신성함은 선생님 가슴 속의 열정이어야 했다.

이러한 것들을 나는 내 선생님들에게서 배울 수 있었다. 이것들은 나의 훈육 아이디어에 대한 유익한 반발이었고 나의 일상적인 교육 활동에서 건전한 자극제가 되었다.

나는, 본성적으로 교조적이지 않고 두려움이 없으며 솔직하고 예리한 한 명의 위대한 선생님의 인격을 접하게 되었다. 그분의 지도를 받으며 나는 생생한 아이디어를 접할 수 있었고 수동적인 복종의 정신이 아닌 해방된 마음가짐으로 공부를 시작할 수 있었다.

바야흐로 나의 교육 활동에는 새로운 즐거움과 더 많은 자유가 생겨나게 되었다. 나는 학교로 돌아갔다. 아이들이 자신에게 주어진 문제를 어떻게 해결하는지 보고 싶었고 또 학교에 대한 아이디어들이 아이들의 일상 속에서 어떻게 적용되는지 보고 싶었다.

나는 내 자신의 경험을 돌아보며 분석했고 그 경험을 통해 내 앞에 있는 아이들의 투쟁을 해석하기 시작했다. 훈육의 신이 보살핌의 신으로 바뀌는 순간이었다. 나는 내가 배운 것들의 결과를 수업에 반영하기 위해 노력했고 더욱 건전한 관점에서 아이들에게 다가가려고 노력했다. 하지만 장학사들은 내가 시도하려 했던 변화, 즉 역사, 철자 같은 과목에서의 변화에 반대했다.

장학사들은 "그런 일들이 이론적으로는 괜찮아 보여도 실제로는 큰 효과가 없다는 것을 당신도 곧 알게 될 것입니다"라고 말했다. 그러나 나는, 주위의 다른 사람들이 자신의 신념을 포기했으니 나 또한 스스로의 신념을 포기해야 한다는 식의 논리는 받아들일 수가 없었다.

아동 훈련의 비밀을 조금씩 알아 가고 있을 때 교장선생님께서 "선생님은 자신의 시간은 물론이고 아이들의 시간까지 낭비하고 있어요. 선생님은 이런 일에 전혀 어울리지 않습니다. 만약 내게 아들이 있었다 해도 선생님 반에는 보내지 않았을 거예요"라고 말했다.

교장선생님께서는 '만약 어떤 교사가 아이들을 제압하지 않고 가만히 내버려 둔다면 그리고 교사가 원하는 방향으로 아이들을 이끌어 가지 않는다면 아이들은 교사를 얕잡아 보고 겁 없는 행동을 하기 시작할 거야'라고 생각하고 있었다. 반발하는 교사들에게는 가차없는 비난이 쏟아졌다. 나 또한 교직에 남아 있기 어려울 정도로 낮은 평가 등급을 받을 뻔한 적이 여러 번 있었지만 그때마다 교장선생님은 자기 자신과 타협하고 한발 물러서는 모습을 보여 주셨다.

내가 교장선생님의 교육 철학에서 벗어난 행동을 할 때마다 교장선생님은 "어째서 내가 말한 대로 하지 않습니까?"라고 물었다.

나를 조금만 더 친절하게 대하고 협조를 부탁했더라면 그리고 약간의 자기 표현을 허락했더라면, 내가 더 많은 열정을 가지고 일할 수도 있었다는 것을 교장선생님은 알지 못했다.

학교를 변화시켜야 한다는 생각을 버리지 못했던 나는 교장선생님의 억압을 견디지 못하고 결국 그 학교를 떠나고 말았다.

나의 첫 스승

　내가 만난, 다음 교장선생님은 '아동에 대한 봉사'를 신조로 삼고 살아가시는 분이었다. 지극한 사랑으로 학생들을 대했던 그 교장선생님은 학교에서든 길거리에서든 장소를 가리지 않고 아이들과 만나는 것을 좋아했고 가난한 아이들을 만나게 되면 더없이 친절한 자세로 먹여 주고 입혀 주고 씻겨 주셨다. 아동에 대한 봉사를 자신에게 주어진 놀라운 특권으로 여겼던 교장선생님, 그분에 관한 모든 것들은 진보의 빛으로 밝게 빛나고 있었다.

　교장선생님은 당신이 학교 생활을 할 때 겪었던 한 사건에 대해 늘 슬픈 어조로 이야기하곤 하셨다. 상습적으로 지각을 하는 남학생 한 명이 불려 왔을 때에도 계속 다그쳐 물으며 아이의 나태함을 호되게 꾸짖었다. 그 아이는 말 없이 서 있었다. 상황이 조금 파악되었을 때 교장선생님께서는 "그런데 왜 늦은 거냐?"라고 물으셨다.

　그 학생은 "가족을 돕기 위해 매일 새벽 세 시까지 일해야 하거든요"

라고 대답했다. 교장선생님은 먼저 아이에게 사과를 한 다음 당신이 아이의 사정을 이해한다는 것 그리고 아이의 어려움에 공감한다는 것을 그 아이가 느낄 수 있도록 해 주었다.

교장선생님께서는 마치 이렇게 말씀하시는 것 같았다.

"지친 형제들이여, 나에게 오십시오. 나의 이 강하고 흔들리지 않는 손으로 여러분의 떨리는 손을 잡아 드리겠습니다. 나에게 오십시오. 나의 차가운 손으로 여러분의 뜨겁고 지친 눈을 어루만져 드리겠습니다. 내게도 지치고 힘든 시절이 있었기 때문에 여러분이 왜 그렇게 힘들어하는지 잘 알고 있습니다. 지금도 가끔 내가 하고자 했던 일의 위대함을 잊는 순간 피곤이 몰려옴을 느끼게 됩니다. 형제 여러분, 여러분이 교실에서 마주하게 되는 아이들은 여러분에게 반감을 품고 있는 것이 아닙니다. 그들의 반감을 사는 것은 바로 여러분을 구속하는 것들 그리고 여러분이 다른 사람들과 자유롭게 어울리는 것을 가로막는 것들입니다. 여러분, 산수, 규칙, 날짜, 시험 같은 것들에 너무 집착하지 마십시오. 그것들은 가르침이 아니라 아이들의 성장을 가로막는 걸림돌입니다. 아이들은 여러분과의 소통을 통해 자라납니다. 아이들에게 가장 소중한 것은 바로 여러분과의 소통이라는 사실을 명심하십시오. 나와 함께 '열린 나라'로 갑시다. 거기서 우리는 자연의 심장을 지켜보듯 아이들의 마음을 지켜볼 것입니다. 우리가 돌아왔을 때 학교는 신세계가 되어 있을 것이고 여러분은 끈기 있게 계시를 기다리는 발견자discoverer의 진지함으로 일하게 될 것입니다."

나는 승진과 함께 다른 학교로 옮겨 가게 되었다. 하지만 그 학교는 나의 경험에 별다른 관심을 보이지 않았다. 졸업반 담임을 맡은 나는 7학년과 8학년 남학생들에게 과학을 가르쳤다. 내가 과학 수업을 진행할 수 있는 유일한 방법은 수업에 필요한 물건들—배터리, 튜브, 병, 들통, 가스 버너, 물—을 들고 이 교실 저 교실로 옮겨 다니는 것이었다. 그래서 계단을 오르내리고 복도를 지나갈 때의 내 모습은 마치 걸어 다니는 화물차 같았을 것이다. 이처럼 학생들이 아닌 교사들을 옮겨 다니게 한 이유는 학생들이 옮겨 다닐 경우 학교가 소란에 휩싸여 버리기 때문이었다. 학교는 그야말로 침묵의 장소였던 것이다!

새로운 학교에 부임한 지 두 달 만에 나는 또 다른 학교로 옮겨 가게 되었다. 이번에는 도시 서남쪽에 있는 한 학교의 졸업반을 맡았다. 지은 지 오십 년이 넘은 학교는 주위의 고풍스러운 풍경과 잘 어우러지고 있었다. 학교 부근의 오래된 지역에는 서로 다른 피부색을 가진 다양한 부류의 사람들이 모여 살고 있었고 공장 뒤 부두 근처에는 아이들이 살고 있었다.

첫날 아침에 교장실로 인사하러 갔을 때 교장선생님께서는 미심쩍게 바라보며 이렇게 말했다.

"음, 어쩌다가 이곳으로 오게 되었습니까? 보아하니 연륜이 있어 보이는 것도 아니고 또 강단이 있어 보이는 것도 아니네요. 한번은 저쪽 교실의 남학생들이 선생님의 안경을 깨뜨린 적이 있는데 그 선생님의 덩치는 선생님의 덩치보다 훨씬 더 컸었단 말입니다. 여기 아이들은 잉

크통과 책을 창 밖으로 던져 버리는 아이들입니다. 아무래도 학교를 잘 못 찾아오신 것 같습니다".

몇 분 뒤, 조회朝會하는 광경을 지켜본 나는 교장선생님의 말씀에 동의할 수밖에 없었다. 나는 그 학교를 벗어나고 싶었다.

나는 강단 위 의자에 앉아 교장선생님의 말씀을 듣고 있었다. 학생들 대부분이 떠들거나 껌을 씹고 있었고 바른 자세로 앉아 있는 학생은 눈을 씻고 찾아도 찾아볼 수가 없었다. 교사와 아이들에게 영감을 주지 못하는 '지루한 조회'가 계속되었다. 두세 명의 남자 선생님들이 선 채로 남학생들을 지켜보고 있었고 여자 선생님들은 각자의 자리에 앉아 자기 반 학생들을 지켜보고 있었다.

하지만 감독 관리를 철저히 한다고 해서 아이들이 행복해 하거나 학교 생활에 마음을 붙일 수 있는 것은 아니었다. 조회를 마친 아이들은 교실로 돌아가자마자 수업을 받기 시작했다. 복도를 지나다니며 교실 안을 들여다보지 않는 한 그 속에서 벌어지는 일은 도저히 알 수가 없었다. 교실은 일촉즉발의 전쟁터와도 같았다.

교사와 아이들 사이에는 그때까지 내가 경험했던 것들보다 훨씬 더 심각한 적대감이 쌓여 있었다. 게다가 학교와 동네주민들 사이에도 적대감이 팽배해 있었는데 사실 이러한 적대감은 서로에 대한 오해와 상호 불신에서 비롯된 것이었다. 아이들은 교사를 무서워했고 교사는 아이들을 두려워했다.

교사들은 동네를 벗어나려고 했고 아이들은 동네 이곳저곳을 돌아다

넀다. 길을 가다가 흉기로 위협을 당할지 아니면 기분 나쁜 욕지거리를 들을지는 알 수 없었지만 둘 중 하나를 피할 수 없다는 것만은 분명한 사실이었다.

그 학교에서 보낸 처음 여섯 달은 내 인생에서 가장 차분하게 보낸 시기 중 하나였을 것이다. 필요 없는 말은 거의 하지 않았고 아이들과의 소통도 말로 하기보다는 몸짓으로 하는 쪽을 택했다.

학교는 물론, 길거리에서도 말없이 살펴보기만 했고 심지어 가게나 집을 찾아가 학부형들과 이야기를 나눌 때에도 가급적 말하는 것을 삼가고 상대방 이야기만 들었다.

학교는 실패의 길을 걷고 있었고 나 또한 실패의 늪에 빠지고 있었다. 나는 원인과 해법을 찾는 데 전념할 수밖에 없었다.

수업이 끝난 후, 편견과 무기력에 빠진 사람들이 혼재되어 지나다니는 거리를 바라보면서 나는 그들과 나 사이의 간격에 대해 생각하게 되었다.

학교는 문제를 파악하거나 학생들을 지도하려는 시도조차 하지 않았고 교과과정은 하나의 통상적인 업무로 전락하고 말았다. 학교에서는 더 이상 아이들에 대한 애정을 찾아볼 수 없었고 교육 주체로서 학부모에 대한 관심도 찾아볼 수 없었다.

그러던 어느 날, 조회 업무와 훈육 업무를 맡게 된 나는 기쁨을 감출 수 없었다. 그때부터 나는 아이들에 대한 믿음을 갖기 시작했고 나의 어린 시절을 더욱 주의 깊게 분석하기 시작했다.

〈어떻게 하면 다른 학교들처럼 좋은 조회를 할 수 있을까?〉 바로 이것이 내가 아이들에게 제시한 첫 번째 토의 주제였다. 나는 다시 한 번 이야기의 힘을 빌렸고 이야기는 나의 기대를 저버리지 않았다. 가만히 있으면 몸살을 앓던 아이들이 이야기에 귀를 기울이기 시작했다. 학교 훈육의 문제점들을 조심스럽게 꺼내 놓자 아이들은 이구동성으로 자신들의 책임이 크다고 말했다. 일종의 학생 협의회가 일주일에 한번 내 교실에서 열렸고 협의회에 참석한 학생들은 기꺼이 학교의 문제점들을 토의했다. 참석자 수는 오십 명에서 백 명 정도였는데 전체 학생 수가 1,200명 정도였다는 것을 감안하면 적당한 수의 대표자들이 참석한 것으로 볼 수 있었다.

이러한 경험을 통해 나는 많은 것을 배울 수 있었고 아이들과 학교의 역할에 대한 신념과 나 자신에 대한 신념을 키울 수 있었다.

2장

학교에서

교장으로 부임하다

이제 나는 교장에 임명 되었다. 나는 팔을 펼치며 말했다.

"드디어 자유롭게 내 스스로의 주인이 되었다! 나는 오직 내 자신의 비전에 의해서만 제약된다."

나는 새 학교에 들어서면서 '나의 학교'라고 자랑스럽게 불렀다. 큰 공원을 마주보고 높은 지대에 우뚝 솟은 요새와 같은 큰 건물은 햇볕이 가득하고 통풍이 잘되었다.

학교 건물은 연립주택의 뒷마당을 바라보고 있지 않았다. 열린 창문을 통해 가스난로 냄새가 스며들지도 않았다. 다른 곳에서는 학교 창문을 통해 지저분하고 소란스러운 동네 집들이 보였었다. 길거리에서 싸움이 벌어질 때마다 비명소리와 욕하는 소리가 교실 수업을 방해했고 아이들은 얼굴까지 빨개지며 신경질적인 웃음을 터뜨렸다. 아이들은 자기 부모님과 동네가 창피하다는 생각을 하고 있었다.

나의 새 학교는 완전히 달라 보였다. 사무실 창 밖으로 언덕 위의 나무들이 보였고, 나는 여러 마리의 코끼리 등이 들썩거리는 것처럼 바람에 흔들리는 나무를 지켜보았다. 나는 탁 트인 공간, 햇빛, 공원을 보는 것을 즐겼다. 나는 이것들이 선생님들에게 가장 좋은 친구라는 것을 알고 있었다.

취임식 다음 날 나는 '나의 학교'의 힘과 효율을 높일 준비가 되었다고 믿고 학교 사무실로 출근했다. '나의 학교'는 진가를 발휘해야만 했다. 내가 이 일을 하루 혹은 한 달 또는 일 년 안에 이루려고 했는지 정확히 기억나지 않는다. 내가 이 일에 대해 생각하고 있을 때 여덟 시 삼십 분 종이 날카롭게 울렸다. 종소리를 듣고 나는 사무실 문을 나섰다. 나는 종소리와 함께, 첫 번째 교실에서 시작해서 옆 교실로 층층마다 교실들을 연결하는 에너지 고리처럼 메시지를 각 교실에 전달하고 다녔다. 나는 전에는 그와 같은 것에 대해 들어 본 적이 없었다.

그때 보조를 맞춘 여러 사람의 발걸음 소리가 들렸다. 여섯 개의 입구로부터 아이들이 복도를 통해 교실로 몰려들었다. 나는 소리, 색깔, 움직임 그리고 순식간에 지나가는 아이들과 교사들의 흐릿한 인상을 느낄 수 있었다. 얼굴도 형체도 제대로 보지 못했지만 한 무리가 파도처럼 몰려갔다는 것만은 분명히 알 수 있었다. 망연자실하고 어리둥절해진 나는 아주 조용한 고요가 건물을 감쌀 때까지 그 자리에 그냥 서 있었다. 이제 내가 없어도 학교의 일상이 시작되었다.

나는 무엇을 할 지 몰라서 내 책상에 그냥 앉아 있었다. 직원이 우편물을 가지고 들어 왔다. 전임 교장선생님께서 관리상의 몇 가지 세부사항을 협의하기 위해 오셨다. 전임 교장선생님께서는 아직 학교에서 일하고 계셨고, 1,500명의 학생을 데리고 새 학교로 옮길 예정이었다. 나는 전임 교장선생님과 함께 학급 수, 잔류할 교사와 떠날 교사, 학군 경계와 전출될 학생들의 수를 검토했다. 이 일이 끝난 후 전임 교장선생님께서는 학교를 떠나셨다.

나는 정신을 차리고 '나의 학교'를 인계 받았다. 그때 또 벨이 울렸다. 문이 열리고 벨 소리, 날카로운 지시, 규칙적인 발소리가 들리고 한 무리가 내 옆을 지나쳐 들어오고 나갔다. 학생들은 교실을 옮겨 정면을 바라보고 모자를 벗었다. 한 무리의 학생들이 들어와서는 나간 학생들의 자리를 대신 메웠다. 시간 낭비는 없었다. 발소리와 문을 여닫는 소리가 들렸고 이전처럼 고요한 상태가 되었다.

다음 날도 그 다음 날도 변함이 없었다. 이래서는 내가 취임했다고 할 수가 없었다. 나는 아이디어를 얻기 위해 사무실 밖으로 나갔다. 학교, 복도, 교실 그리고 운동장을 돌아다니며 학생들의 이야기를 듣고 학생들의 행동을 지켜보았다.

그러던 어느 날 한 교실 앞을 지나던 나는 색다른 장면을 목격하게 되었다. 교실 안에서 한 교사가 작은 소년에게 미소를 짓고 있었고 다른 아이들은 두 사람을 향해 공감하는 미소를 짓고 있었던 것이다. 나는 기뻐하며 교사에게 다가갔다. 그런데 내가 다가가는 순간 그들의 미소가 사라졌고 여교사는 잔뜩 긴장을 했으며 작은 소년은 자리에 앉아 버렸다. 다른 아이들 역시 자세를 바로 하고 손을 뒤로 했다.

나는 무언가 유쾌한 이야기를 하고 싶었다. 하지만 나의 등장에 두려움을 느끼는 모습을 보고는 그대로 교실을 나와 버렸다.

나는 다른 교실에도 가 보았다. 한 여교사가 작은 책에 열심히 표시를 하면서 한 소년에게 "죽기 전에 문법을 배울 수 있을지 모르겠구나"라고 말했다.

나의 존재를 알아차리지 못한 여교사는 이렇게 말을 이었다.

"월터, 'Come here'를 분석해 봐!"

딴 생각을 하고 있던 한 소년이 벌떡 일어나서 "단순 평서문, Come이 주어이고 Here가 술어동사입니다"라고 말하고는 다시 자리에 앉았다.

아이들이 한바탕 웃음을 터뜨린 후 교사가 실수를 지적해 주었다. "좋아, 그런데 한 가지를 빼먹었네. Come이 주어, Here가 술어동사, 마침표는 목적어가 되는 거야."

다시 한번 웃음 소리가 울려 퍼졌다. 월터는 몸을 부들부들 떠는가 싶더니 마침내 정확한 문장 분석을 해내고야 말았다. 그제서야 교사와 아이들이 나의 존재를 알아차렸는데 이때 교사는 "학생 중 한 명인 줄 알고 미처 알아보지 못했습니다"라고 사과를 하며 자리를 권했지만 교사가 불편해 하는 것을 보고는 곧바로 교실을 나와 버렸다.

교사 한 명이 징계 문제로 나를 찾아왔다. 그 여교사는 보고를 하기도 전에 울음부터 터뜨렸다. 내가 "울 일이 아닙니다"라고 말하자 그녀는 더 큰 소리로 울기 시작했다.

새로운 교장이 두려웠던 것일까? 왜 교장을 무서워하는 것일까? 그런데 왠지 그 장면이 낯설지가 않았다. 맞다, 예전에 내가 한 교장선생님으로부터 들은 이야기가 기억났다.

"선생님은 자신의 시간은 물론 아이들의 시간까지 허비하고 있습니다. 선생님은 이런 일에 전혀 어울리지 않아요. 만약 내게 아들이 있다해도 선생님 반에는 보내지 않을 것입니다".

"이것이 바로 그것이란 말인가?"

그것은 바람직한 일이 아니었다. 교사들은 내가 교실에 들어가는 것을 원하지 않았고 또 교장실에 오면 울음을 터뜨렸다.

나는 아이들과 친구가 되고 싶었다. 하지만 아이들에게 다가갈 수가 없었다. 아이들은 교실에서 수업을 하거나 단체로 교정과 복도를 돌아다니고 있었다. 내가 개인적으로 접촉할 수 있었던 것은 가끔씩 눈에 띄는 불량 학생들뿐이었다.

"내가 꿈꾸던 학교"는 쉽게 만들어지지 않았다.

나는 많은 생각을 하게 되었다. 교장으로서 처음 얼마 동안은 지성에 의지하기보다는 눈과 귀 그리고 나의 손가락 끝으로 학교를 해석하려 했다는 것을 인정할 수밖에 없었다. 난동을 피운 소년에 대해 보고를 받은 나는 그 심약한 교사 때문에 몸과 마음이 아파 옴을 느꼈다. 나는 그녀가 저지른 실수를 모두 지켜보았고 목소리의 불완전한 억양을 통해 개인적 상처를 느낄 수 있었다. 왜 그녀는 그렇게 행동했을까? 좀 더 담대해지고 친절해질 수는 없었을까? 교사들은 왜 강한 선생님이 되지 못하는 것일까? 바로 이것이 내가 원하는 방식이었다. 모든 교사는 최고가 되지 않으면 안 된다.

그러나 모든 것이 불안정한 상황 속에서 사람은 '천천히 가는 법'을 배우고 기회가 오기를 기다리게 된다.

낙심한 나는 나이 지긋한 교장선생님 한 분에게 나의 노력과 실패에 대해 이야기했다.

"무슨 말씀을 하시는 겁니까? 이해를 할 수가 없군요."

교장선생님이 어리둥절해 하며 말했다.

"교사와 아이들에게 제가 그들의 친구이며 그들을 돕고 싶어 한다는 것을 느끼게 해주고 싶었지만 제 앞에서 자유롭게 행동하거나 거리낌 없이 말할 수 있도록 하지는 못했던 것 같습니다. 한마디로 저를 두려워하고 있는 것이죠!"

"두려워한다고요? 물론 그렇겠죠. 하지만 그래야만 합니다. 교사와 아이들은 걱정할 필요 없습니다. 그들은 잘 훈련되어 당신의 지시를 따르게 될 것입니다. 마음의 평화를 얻고 싶다면 내 충고를 잘 새겨들으세요."

이 말은 수 년 전에 나를 실망시켰던 표현과 정확하게 똑같지는 않았지만 어쨌든 그 의도는 같은 것이었다. 맹목적인 복종을 강요하는 말은 끊임없이 되풀이되었다. 복종, 충실한 복종은 학교의 전통이었다.

어느 날 나는 선생님들에게 "아이들이 깨끗한 복장과 생기 넘치는 얼굴로 학교에 올 수 있도록 다 같이 노력합시다. 머리를 잘 빗고 깨끗한 옷차림으로 학교에 오는 아이들을 칭찬해 주도록 하세요"라고 말했다.

이런 말을 하고 얼마 되지 않아, 한 어머님께서 나를 만나러 오셨다. 어머님은 내 책상 위에 작은 상자 하나를 내려 놓으셨다.

"이 셔츠를 돌려드리고 싶습니다."

깜짝 놀란 나는 "셔츠요? 무슨 셔츠 말씀입니까?"라고 물었다.

어머님은 "교장선생님께서 우리 조나스에게 주신 이 셔츠 말입니다"라고 말했고 나는 "좀 더 자세하게 말씀해 보세요"라고 말했다.

"담임선생님이 '여자 교장선생님으로부터 A를 받을 수 있을 정도로 잘하면 블라우스를 받을 수 있다'라고 말씀하셨다길래 제가 조나스에게 '그럼 더 열심히 해서 블라우스를 받으려무나'라고 말했습니다. 조나스는 정말 열심히 공부했고 노력 끝에 블라우스를 받게 되었습니다. 그런데 저는 이 블라우스가 마음에 들지 않습니다. 왜냐하면 이렇게 얇은 블라우스는 2월이 아닌 4월에 입어야 하기 때문이지요. 저는 이 블라우스 대신 두꺼운 면으로 된 옷을 주셨으면 합니다. 조나스가 좋아하는 붉은색으로 말이죠."

어머니는 포장을 풀어 푸른색과 흰색의 예쁘고 작은 면 블라우스를 나에게 건네주었다.

어머님이 한 말을 천천히 곱씹어 보니 아무래도 '여자 교장선생님'이라는 말이 마음에 걸렸다. 나는 교감을 불러 블라우스를 건네며 이렇게 말했다.

"혹시 이 블라우스에 대해 아는 것이 있습니까?"

"아니요, 없습니다. 하지만 어디서 난 건지 알려 주시면 알아 볼 수는 있겠습니다." 교감이 말했다.

내가 설명을 하자 그녀가 빙그레 미소를 지어 보였다.

"이건 노스 선생이 하신 일이 분명합니다. 교장선생님께서 '아이들에게 깨끗한 블라우스를 입고 오도록 하라'라고 하셨기 때문에 그녀는 날마다 아이들에게 그렇게 이야기를 했습니다. 그리고 제가 노스 선생님 교실을 찾아갔을 때 노스 선생님은 '용모가 단정하구나'라고 칭찬하며 깨끗이 하려는 노력을 계속하라고 격려했습니다."

"그 교사를 만나 봅시다." 나는 여전히 영문을 알 수가 없었다.

우리가 교실로 들어섰을 때, 아이들은 작은 벤치 하나씩을 차지하고 앉아 있었고 손에는 입문서를 한 권씩 들고 있었다(입문서의 책싸개는 갈색이었다. 그리고 앞 표지 중앙에는 붉은 색 이름표가 붙어 있었다). 그리고 아이들 모두가 밝은 색 블라우스를 입고 있었는데 그 중 일곱 명의 아이들이 내 책상에 있는 것과 똑같은 종류의 블라우스를 입고 있었다.

창문을 통해 들어온 햇빛, 방금 물고기들을 풀어 놓은 듯한 수족관 위에서 작은 무지개를 만들고 있었다.

"아주 좋아 보이네요." '여자 교장선생님'이 말했다.

"예, 저희들 모두 학교와 어울리는 옷차림을 하고 학교에 왔습니다. 오늘은 A를 받을 수 있을까요?" 교사가 미소를 지으며 물었다.

"물론이죠. 이 동네에서 가장 깨끗하고 단정한 아이들이 아닙니까."

"그런데 조나스 일은 어떻게 된 거죠?" 내가 물었다.

"조나스가 새 블라우스를 안 입고 왔길래 제가 여분으로 남겨 둔 것을 걸쳐 입으라고 했습니다. 그래서 아이들 모두가 비슷하게 보이는 겁니다. 집으로 돌아갈 때는 옷을 받아서 다시 보관해 둘 생각입니다."

그 교사는 교장의 지시 사항을 이행하기 위해 최선을 다하고 있었다. 만약 어떤 아이가 깨끗한 블라우스를 안 입고 오면 직접 밖으로 나가 옷을 사왔고 또 조나스처럼 옷을 집에 두고 오면 여분의 블라우스를 내주었다. 모든 점에서 교장의 지시 사항을 충실히 수행했기 때문에 그 학급은 'A' 등급을 받을 수 있었던 것이다.

"교사와 아이들은 괜찮아요. 그들은 잘 훈련될 겁니다. 그들은 당신의 지시를 따를 것입니다."

노교장선생님의 말씀이 머리에서 맴돌았다.

나의 학교는 이제 시작이었다

　나는 그런 관점을 받아들일 수 없었다. 전임 교장과 1,500명의 아이들이 교사들과 함께 새 학교로 옮겨 갈 때 나는 '이제 됐어. 교실도 더 많아졌고 교사 한 명당 학생 수도 훨씬 더 적어졌잖아. 이제 아이들에게 좀 더 가까이 다가갈 수 있을 거야'라고 생각했다.

　이제 더 이상 교실을 찾아 이리저리 옮겨 다닐 필요가 없었다. 4,000명이 쓰던 공간을 2,500명이 사용하게 되었기 때문이었다. 학교는 절반이 텅 빈 것 같았고 수업시간은 하루 다섯 시간으로 정상화 되었다. 자기 교실이 생긴 교사들은 이제 더 이상 교실을 비워 주기 위해 서두를 필요가 없었다. 오전 아홉 시부터 오후 세 시까지 수업을 하고 그 후로는 교사가 원하는 만큼 교실에 남아 있을 수 있었다. 수업을 진행할 수 있는 교실의 수가 늘어났고 교사들은 더 많은 시간을 계획하고 상의하는 데 투자할 수 있게 되었다.

　내가 기회 있을 때마다 교사들에게 들려 주고 싶었던 것은, 아이들과 교사들의 관점에서 바라본 좋은 학교란 과연 어떤 것인가라는 문제에 대한 나의 견해였다. 나는 학교에서 일어나는 문제들을 적극적으로 해결하고 싶었고 또 교사들에게 그런 나의 마음을 알려 주고 싶었다. 문제 아동, 부진 아동, 지저분한 아동들은 교사뿐만 아니라 나의 책임이기도 했기 때문에, 나는 어려움을 겪고 있는 교사 각자를 돕기를 원했다. 나는 학교 생활과 관련된 내 경험담을 들려 주며 학교가 아이들과 교사들 모두에게 바람직한 공간이 될 수 있을 때까지 최선을 다해 달라고 부탁했다.

그러던 어느 날, 한 여교사가 '아이를 좀 훈육해 주세요'라며 도움을 청해 왔다.

일과 시작 전에 나를 찾아온 그녀는 마치 선고를 기다리는 죄수처럼 잔뜩 긴장한 모습이었다.

그녀는 머뭇거리며 말문을 열었다.

"문제 학생과 같이 찾아와도 된다고 하셨죠? 바로 이 남학생인데요 정말 구제불능입니다."

여교사는 울먹이기 시작했다. 나는 학생을 데리고 밖으로 나왔다. 여교사가 마음을 가라앉힐 시간을 주기 위해서였다.

"이제 이야기해 보세요."

"이 아이는 아주 나쁜 아이입니다. 한 학기 반 동안 가르쳐 봤는데 이 아이는 자기가 공부를 안 하는 것은 물론이고 다른 아이들까지 공부를 못하게 방해했습니다. 매일 오후 5시까지 학교에 남아 있게 해 봤지만 아무 소용이 없었습니다. 늘 욕을 해 댄다는 건 알고 있었지만 교사인 저까지 때리려 할 줄은 몰랐습니다. 사실 이 아이는 고아입니다, 교장선생님. 쭉 소년원에서 지냈지만 현재는 가석방 상태에 있고요. 이 학생이 계속 이런 식으로 한다면 저는 병이 나서 몸져눕고 말 거예요. 정말 기가 막혀서 말이 안 나옵니다!" 여교사는 또 다시 울먹이기 시작했다.

"이제 걱정하지 말아요, 선생님이 이 아이를 데려와 주어서 정말 기쁩니다. 이 아이는 더 이상 문제를 일으키지 않을 겁니다. 그런데 궁금하네요. 왜 그렇게 오래 참았습니까? 진작에 얘기를 했으면 좋았을 텐데."

잠시 주저하던 그녀가 입을 열었다.

"제 이력에 나쁜 영향을 미치지 않을까 두려웠습니다. 저는 아직 계약직인데 정규 교사가 되려고 하거든요."

"음, 이 일이 선생님의 이력에 나쁜 영향을 미치지는 않을 겁니다. 그리고 이 아이도 선생님을 괴롭히지 않을 겁니다."

그녀는 감사하다는 말을 남기고는 교실로 돌아가 버렸다. 하지만 나는 알 수 있었다. 그녀의 얼굴이 다시 밝아지기까지는 몇 주의 시간이 필요하다는 것을.

모든 교실에는 이른바 '불량한 아이'가 한두 명씩 있기 마련이다. 그런 아이들의 머릿속은 길거리 생활에서 체험한 것들로 가득 차 있다. 그런 아이들에게는 학교가 아닌 다른 곳에 있을 때가 가장 즐거운 순간이다. 그런 아이들은 거리와 가정에서는 물론, 학교에서도 주인이 되기를 원한다. 그런 아이들은 같은 반 친구들을 멸시의 눈초리로 쳐다보고 교사들을 노골적으로 무시한다. 그런 아이들이 무대를 장악하고 있는 동안에는 교실의 기능이 작동을 멈춰 버리기 때문에 교사는 교실을 지키기 위해서라도 필사적으로 싸워야만 한다. 첫 수업 종이 울리는 순간부터 맨 마지막 학생이 교실 문을 닫고 나가는 순간까지 교사는 불량한 아이들을 통제하기 위해 자신이 알고 있는 수단과 방법을 모두 동원하게 되고 바로 이 때문에 긴장이 고조될 수밖에 없다. 그렇다면 교사들은 왜 불량한 아이들을 교실 밖으로 내 쫓지 않는 것일까? 어째서 한 명의 불량한 아이 때문에 학급 전체가 고통을 받아야 하는 것일까?

나는 적어도 하루에 두 번은 모든 교실을 둘러봐야 한다고 생각했다. 그리고 각 교실을 돌아다닐 때마다 나는 교실에 혼자 앉아 있거나 교실 구석 또는 교사 책상 옆에 서 있는 '불량한 아이들'을 볼 수 있었다.

"혹시 제가 도와 드릴 일이 있나요?" 교실을 둘러보던 나는 교사에게 이렇게 물었다.

"존을 어떻게 좀 해 주시겠어요? 제 힘으로는 도저히 당해 낼 수가 없네요. 쉴 새 없이 떠들고 수업을 방해하는데 정말 미치겠어요. 더 이상 존을 가르치고 싶지 않습니다."

"존, 나랑 같이 좀 가야겠다." 나는 존을 데리고 사무실로 향했다.

"어떻게 된 일이냐?" 내가 물었다.

"옆에 있는 친구와 이야기를 했어요. 뭘 물어보길래 그냥 대답을 해 준 것뿐인데요?"

"얼마나 떠들었는데?"

"잘 모르겠어요. 많이 떠든 것 같기는 해요."

"수업은 왜 방해를 했지?"

"잘 모르겠어요."

'불량한 아이'로부터 듣게 되는 가장 흔한 대답이 바로 '잘 모르겠어요'였다.

"그런 쓸데없는 짓은 이제 그만 하는 게 좋아. 네가 교실로 돌아갈 수 있는 유일한 방법은 떠들지 않고 공부만 열심히 하는 거야. 거기 앉아서 생각해 보고 결심이 서면 내게 알려 다오."

존이 자신의 잘못을 인정한 뒤 나는 존과 함께 교실로 가서 "존이 수업을 방해한 것은 대단히 유감스러운 일입니다"라고 말했다. 존 역시 자신의 시간을 허비한 것이 잘못이었다는 점을 인정했고 수업을 방해한 것에 대해서도 미안하다고 사과했다.

남학생들, 특히 거리와 가정 그리고 학교에서 대장이 되고자 하는 남학생들은 친구들 앞에서 겸손하게 행동하고 싶어 하지 않을 것이다. 그리고 그와 같은 공격성이 교사를 향하게 될 경우 그의 행동은 영웅적 행동이 되겠지만 만약 그것이 전체를 향하게 될 경우 그 행동의 영웅성은 일순간에 사라져 버리고 만다.

다음날 올라온 보고에 따르면, 존은 착한 학생이 되기를 원하지 않았다. 나는 존의 아버지를 학교로 오시게 했다.

"언제까지 이렇게 불려 다녀야 합니까? 벌써 두 번째 오는 겁니다. 처음에는 아내가 왔고 이번에는 제가 왔습니다. 학교에 올 때마다 하루를 고스란히 날려 버리는데 이래서야 어디 먹고 살 수 있겠습니까? 이번에는 대체 무슨 일로 부른 겁니까? 보아하니 우리 애를 자꾸 귀찮게 하는 것 같은데 제발 그냥 내버려 두면 안 될까요? 이번에는 이 선생이 다음 번에는 저 선생이, 이거야 원……. 교장선생님이 이 학교로 오시기 전에는 이런 일이 없었단 말입니다. 저는 세금도 꼬박꼬박 납부하고 있고 제 권리가 무엇인지도 알고 있습니다. 저희 애가 교실로 돌아갈 수 있도록 해 주세요. 안 그러면 더 높은 분을 찾아 가겠습니다."

"납세자이신 아버님께서는 학교 예산을 낭비하는 사람이 되어서는 안 됩니다."

"그럼요. 예산 낭비는 참을 수가 없지요. 이참에 교육 국장을 한번 찾아가겠습니다."

"그런데 말입니다, 바로 아버님의 아들 존이 학교 예산을 낭비하고 있습니다. 잘 들어 보세요. 존은 지금까지 두 번이나 유급을 했습니다. 만약 이번에도 마음을 잡지 못한다면 또 다시 유급을 당하고 말 것입니다. 그럼 어떻게 되겠습니까? 한번 내면 되는 돈을 세 번이나 내야 한다는 결론이 나옵니다. 게다가 존 때문에 시간을 허비하고 있는 아이들까지 유급을 당한다면 아버님께서는 그 아이들에 대해서도 보상을 해 주셔야 합니다. 저는 존의 시간과 아버님의 돈이 너무나도 소중하다는 것을 잘 알고 있습니다. 하지만 존을 올바른 길로 이끌기 위해서는 아버님의 도움이 필요합니다."

"혼자서는 할 수가 없다구요? 이것 보세요, 젊은 양반. 나는 여섯 아이의 아버지이고 여섯 명 모두에게 그것을 깨우쳐 준 사람입니다. 지금 당장 아들 녀석을 데려 오세요."

나는 '존과 마찰을 빚어서는 안 되겠구나'라고 생각했다.

사소한 잘못으로 인해 징계까지 받는 아이들이 있다. 한번은 교실 문 앞에 서있는 메리를 보고는 교사에게 "무슨 일입니까"하고 물어본 적이 있었다.

"껌을 씹었습니다." 교사가 대답했다. "껌을 씹어서는 안 된다고 분명히 말했는데 이 학생은 오늘 아침 산수 시간에 껌을 마구 씹어 댔습니다. 그래서 문 앞에 서 있으라고 했습니다. 메리, 이제 앉아도 돼."

나는 그 교사에게 "혹시 메리가 몰래 껌을 씹지 않던가요?"라고 물었다

"무슨 말씀이세요?" 교사가 물었다.

"메리는 물론 산수 수업을 못 들었겠죠?"

"산수 수업과 철자 수업 일부를 못 들었습니다만."

"정말 중요한 것은 수업 아니었을까요? 메리가 학교에 온 이유도 그 수업을 듣기 위해서였을 텐데요."

"물론입니다."

"메리에게 껌을 씹지 말라고 주의를 줄 수는 없었을까요? 조그만 잘못을 지적하기보다는 당장에 해야 할 일을 강조하고 메리가 풀어야 할 문제를 칠판에 적어 주는 것이 오히려 선생님의 목적에 부합하는 것 아니었을까요?"

"교장선생님 말씀이 맞는 것 같습니다. 앞으로는 그렇게 하도록 하겠

습니다."

징계 사안에 대한 체계적인 관리가 시작되자 교사들의 부담도 줄어들기 시작했다. 교사들이 "얌전히 있지 못하겠니?"라며 핏대를 올리는 횟수도 점점 줄어들었다.

시간이 흐르면서 아이들은 학교가 자신과 함께 한다고 생각하기 시작했고 그러면서 학교 생활에 대한 책임감도 느끼게 되었다.

아이들은 그날 수업에 필요한 준비물을 스스로 정리하고 나눠주면서 '학교 시간'을 아껴 쓰는 법을 배우기 시작했다. 복도에서는 조심조심 걸어 다녔고 학교 벽에도 더 이상 낙서를 하지 않았다. 심지어 자기 스스로 바닥에 떨어져 있는 종이를 줍기까지 했다. 한번은 피터가 교정 한쪽 구석으로 달려가 바닥에 떨어진 막대 사탕 포장지를 주워 쓰레기통에 넣은 것을 보았다. 그 전까지만 해도 피터는 "네가 먹은 점심 도시락 포장지는 네가 갖다 버려야지"라는 말에 "이건 청소부가 할 일이잖아요"라고 대답했었다. 나에게는 확신이 생기기 시작했다. '나의 학교는 앞으로 나아가고 있다'라는 확신이.

학교 전체와 관련된 사안이 생길 때마다 나는 조회를 통해 그 사안을 언급했고 또 아이가 학교의 요구에 따를 때마다 그 아이를 '학교에 봉사하는 학생'이라고 치켜세웠다.

하루는 헨리의 얼굴과 몸이 시퍼렇게 멍이 들어 있는 것을 보고는 "대체 어떻게 된 일이냐"고 물었다. 헨리의 말로는 누군가가 자기를 때렸다는 것이었다. 조사를 해 보니 아일랜드 출신의 아이들이 우리 학교 아이들 몇 명을 쫓고 있을 때 헨리가 그 자리에 있었는데 헨리가 항의를 하자 그 아이들이 갑자기 폭력을 행사하기 시작했다는 것이었다. 헨리의 말에 따르면, 헨리는 자신이 해야 할 일을 했을 뿐이었고 또 그 대가로 두들겨 맞은 것뿐이었다.

나는 '학교가 올바른 길로 가고 있구나'라는 생각이 들었다.

"무슨 일입니까?" 나는 교감과 이야기하고 있던 교사들에게 물었다.

"마침내 훈육이 자리를 잡은 것 같습니다." 오학년을 맡고 있던 한 교사가 말을 꺼냈다. "이제야 아이들이 지시가 무엇인지를 깨달은 것 같습니다. 오늘 아침에 몇몇 아이들의 전학에 대해 묻기 위해 교직원이 찾아왔었습니다. 그 교직원은 "공원 남쪽에 사는 사람 손 드세요!"라고 말했고 저는 손 든 사람이 몇 명인지 세어 봤습니다. 그리고 제가 교직원에게 "윌리암은 오늘 결석입니다"라고 말했습니다. 그 직원은 7분 정도 있다가 교실을 떠났는데 직원이 돌아간 후 교실을 돌아보니 아이들이 그때까지도 손을 들고 있지 않겠습니까. 아시잖아요, 제가 아이들에게 팔꿈치는 굽히고 손은 어깨에 바짝 붙이라고 지시한 것을요. 물론 저는 손을 내리라고 말했습니다. 하지만 전 너무너무 기뻤습니다. 바로 이것이 제가 말하는 훈육입니다."

진정한 훈육!

훈육이 집단에 대한 개인의 문제에 초점이 맞춰져 있었다고는 하지만 아동 개인의 학급에 대한 의무, 아동 개인의 학교에 대한 의무의 대부분은 여전히 학교 상황에 의해 강제되는 훈육의 틀을 넘어서지 못하고 있

었다. 교과서, 의자, 혼잡한 교실, 얌전히 앉아 있기, 잘 듣기, 시켰을 때
만 말하기, 교사들이 생각하는 가르침 등은 강요된 훈육, 강요된 일상에
지나지 않는 것이었다. 하지만 진정한 훈육이란 개인적인 것임과 동시
에 개인의 영혼을 이해하는 작업이다. 교사 주도의 훈육을 아동 주도의
훈육으로 바꾸는 작업은 길고도 더딘 과정이었다.

"나의 학교"는 이제 시작이었다.

아이들과의 진정한 교감

어느 늦은 오후, 나는 늘 그랬던 것처럼 크고 고요한 학교 건물 안을 거닐고 있었다. 그 날 있었던 일을 하나씩 떠올리던 나는 문득 '내가 과연 진정한 변화를 가져올 수 있을까?'라는 의구심을 갖게 되었다. 텅 빈 학교에 지칠 대로 지친 마음! 나는 크게 낙심하고 있었다.

건물 복도를 따라 걷고 있던 나는 늦게까지 남아 있는 한 여교사를 발견할 수 있었다. 그녀는 손으로 턱을 괴고 팔꿈치를 서류 뭉치 위에 올려놓은 채 몸을 잔뜩 웅크리고 있었다. 그녀의 몸은 지칠 대로 지쳐 있었고 그녀의 얼굴은 더없이 우울해 보였다.

발소리를 들은 여교사는 나를 쳐다보며 이렇게 말했다.

"교무실에서 되돌려 보낸 일을 하고 있었습니다."

"어디 한번 봅시다." 내가 말했다.

"얼마나 중요한 일이길래 이 시간까지 남아 있어야 하는 겁니까?"

"아직 안 끝났습니다. 수정할 것이 좀 더 남았거든요."

"수정이라니요? 선생님이 마무리 지은 일 아니었습니까? 작업을 완료하고 확인까지 했다면 그건 이미 끝난 일입니다. 제가 보기에는 몇 가지 지적 사항이 있었던 것 같은데요"

"예, 맞습니다. 그래서 수정을 해야 합니다."

"어디 봅시다."

그녀는 내키지 않는다는 표정으로 작문 노트들을 내게 건네주었다.

첫 페이지를 펼치자 깔끔한 글씨체로 적은 교감의 지적 사항이 눈에 들어왔다.

1. 작문 노트 48권

   출석자 수 49명

   왜 하나가 부족한 거죠?

2. 얼룩진 종이가 3장입니다. 얼룩진 종이는 절대 받지 마세요.

3. 이번 작문에는 e로 끝나는 단어가 많네요. 연습을 더 많이 시켜야 하겠습니다.

4. 철자가 잘못된 단어가 56개나 됩니다. 철자 연습을 시키세요.

5. 일곱 명의 학생이 지나치게 많은 문단을 사용하고 있습니다. 2학년 학생들은 세 개의 문

   단으로 작성해야 합니다.

6. 여백에 신경 쓰세요. 문단은 1인치, 문장은 0.5인치.

   "사소한 것에 신경을 써야 완벽해질 수 있고 완벽해지는 것은 결코 사소

한일이아닙니다." 다시하세요.

나는 미소를 지어 보였다. 내가 웃는 것을 보고 한결 마음이 가벼워진 그녀는 또 다른 서류 뭉치를 내밀었다.

"이건 맨하튼 지도예요. 이걸 만든다고 고생 꽤나 했습니다."

흰색 도면의 테두리를 따라 붉은색 줄이 그어져 있었고 테두리 안에는 세밀한 구역 지도가 그려져 있었다. 심지어 오른쪽 아래에는 방향을 표시하기 위한 작은 나침반까지 그려져 있었다. 그야말로 정교하고 완벽한 지도였다. 맨 앞 장에는 깔끔한 글씨체로 "아주 좋습니다. 지난달보다 많이 나아졌습니다"라고 적혀 있었다.

작문 노트를 자세히 들여다보니 하나같이 동일한 주제를 다루고 있는 것들뿐이었다. 게다가 모든 작문이 동일한 문단과 동일한 문장을 사용하고 있었다. 작문의 주제는 식물이었다. 전체적으로 봤을 때 '식물의 개괄적인 생태에 관한 과학적 추론'을 모방한 것에 불과했다. 어쩌다 이런 작문들이 나오게 되었을까? 물론 완벽해 보이기는 했다. 하지만 그 어떤 작문에서도 아이의 언어나 아이의 관점은 찾아볼 수가 없었다. 작문이란 곧 사고를 표현하는 행위이다. 그런데 아이들의 작문 속에는 사고와 언어 대신 완벽한 형식을 위한 노력만이 있었다.

나는 여교사에게 모든 업무를 중단하고 집으로 돌아가라고 했다. 그녀에게는 맑은 공기와 햇빛이 필요할 것 같았다. 그녀가 하고 있던 일은 아이들에게는 거의 도움이 안 되는 일이었다.

하지만 나는 작문 몇 개를 좀 더 주의 깊게 살펴봤다. 잘된 작문이 전혀 없는 것도 아니었다.

나는 여교사를 불렀다. 그녀는 교사 생활을 시작한 지 일 년밖에 안 되는 젊은 선생이었다. 우리 학교에는 삼십 명 정도의 젊은 교사들이 있었다. 나는 그들에게 희망을 걸고 있었다.

"여기 이 그림들은 잘된 것 같네요." 내가 말했다. "균형이 잘 잡혀 있고 아주 정성스럽게 그린 것 같습니다."

여교사는 만족스러워하는 것 같았다.

"어떻게 한 겁니까?"

"왜요? 아이들이 그렸는데요?"

"물론 그렇겠죠. 나는 단지 어떤 방법으로 아이들을 지도했는지 그 방법을 알고 싶은 것뿐입니다."

"아, 그 말씀이셨군요. 알겠습니다. 처음에는 아이들이 각자의 방식대로 그리더라구요. 어떤 것은 길고 얇았고 또 어떤 것은 짧고 두꺼웠습니다. 원기둥이 도면 한가운데에 있지 않고 조금 위나 아래 또는 옆으로 치우쳐 있는 것들이 대부분이었습니다. 잘 아시잖아요?"

"물론 알고 있지요." 내가 맞장구를 쳤다.

"하지만 미술 선생님이 '그림들의 크기가 모두 같아야 하고 정확한 위치에 있어야 합니다'라고 말씀하셨기에 저는 한 가지 방법을 생각해 냈습니다. 그건 바로 원기둥의 네 모서리가 위치해야 할 곳에 큰 바늘로 작은 구멍을 뚫는 것이었습니다. 그렇게 하니까 다들 잘 그리더라구요."

여교사가 돌아간 후 나는 '그래, 그 여교사는 솔직한 얘기를 들려준 거야'라고 생각했다.

교사들을 교육의 도구인 교과목으로부터 벗어나 아이들에게 다가가도록 하는 일은 결코 쉬운 일이 아니었다. 만약 우리 교사들이 산수 점수니 언어 점수니 하는 것들에 연연하지 않도록 훈련을 받았다면 어떻게 되었을까?

3R 중심의 교육 방식에서 반드시 벗어나야 한다는 것이 나의 지론이었다. 산수와 언어, 철자와 지리 같은 과목들은 새로운 관점이 허용되기 어려울 만큼 완벽하게 형식화되어 있었고 또 논리적으로 구성되어 있었다. 나는 미술, 작문, 음악, 자연, 문학 등 감성적 가치를 지닌 과목들을 강조하기 시작했다. 나는 교사의 지시에 따라 그려진 그림보다는 아이들의 생각이 표현된 그림이 나와야 한다고 생각했다. 나는 단순한 선이 아닌 색상, 움직임, 재미로 표현된 생각을 원했다. 삼학년은 두 문장, 사학년은 두 문단, 오학년은 단문, 육학년은 복문 등 정해진 규칙을 따르는 작문이 아니라 아이들 스스로를 표현할 수 있는 작문을 원했다. 진정한 교감을 통해 아이들의 가슴이 따뜻해지는 것, 바로 그것이 내가 원했던 것이다.

그러던 어느 날, 사건이 터지고 말았다. 여교사 한 명이 찾아와서 "드릴 말씀이 있습니다"라고 말했다. 그녀의 목소리를 듣는 순간 사태가 심상치 않다는 것을 직감할 수 있었다.

"이 학교를 떠나겠습니다. 교장선생님과 저는 맞지 않는 것 같습니다. 교장선생님께서는 비본질적인 것들에 학교의 무게중심을 두고 계시고 교사들은 음악과 자연, 작문과 미술에만 관심을 보이고 있습니다. 저는 남은 기간 동안 아이들의 산수 성적을 올려 놓을 자신이 없습니다."

"다른 교사들이 산수 수업을 제대로 안 한다는 말입니까?"

"제대로 안 하는 것은 아니지만 어쨌든 교장선생님의 지시를 따르다 보면 자연히 산수에 소홀해질 수밖에 없겠죠. 저는 교장선생님의 생각에 동의할 수 없습니다. 그래서 이 학교를 떠나기로 결심했습니다."

"저도 걱정이 많습니다." 다른 교사가 말했다. "무엇을 어떻게 해야 할지 모르겠습니다. 곧 교육장께서 오실 텐데 자연 과목에 대한 준비가 부족해서 걱정입니다. 우리 자신을 잊고 아이들을 위해 일하라는 교장선생님의 말씀은 잘 알겠습니다만 그래도 교육장의 방문을 완전히 무시할 수는 없지 않겠습니까? 반복적인 연습 없이는 장학사가 원하는 것을 보여줄 수가 없고 또 교장선생님의 방식으로는 반복적인 연습을 할 수가 없고, 이거야 원 어느 장단에 맞춰야 할지……."

"하지만 전 선생님을 믿습니다. 선생님께서는 아이들을 올바른 길로 이끌 수 있고 또 교육장이 원하는 것도 보여 줄 수 있습니다." 내가 말했다.

"저희 교실로 오셔서 울새에 관한 자연 과목 수업을 한 번 들어 보시겠어요?"

"좋습니다." 내가 말했다.

"그럼 아침 첫 수업에 오시면 되겠네요." 그녀가 말했다.

나는 시간에 맞춰 교실로 갔다. 하지만 교실 어디에도 울새는 없었다. 통통하게 살이 찐 남자 아이가 앞자리에 앉아 있었는데 그 아이는 입을 벌린 채 열심히 선생님의 얼굴을 쳐다보고 있었다. 마치 선생님의 말씀을 한 마디도 놓치지 않으려는 듯 말이다.

"자, 여러분, 오늘은 새에 관해서 이야기해 볼 거예요. 잘 듣고 대답해 보세요. 갈색 깃털과 붉은색 가슴 그리고 두 개의 반짝이는 눈을 가진 이 기분 좋은 새는 아주 명랑하게 노래를 부릅니다. 이 새의 이름은 무엇일까요?"

침묵이 흘렀다.

"잘 생각해 보세요. 갈색 깃털과 붉은색 가슴 그리고 두 개의 반짝이는 눈을 가진 이 새는 아주 명랑하게 노래를 부릅니다. 이 새의 이름이 무엇일까요?"

그때 앞자리에 앉아 있던 한 남학생이 큰 소리로 말했다.

"토니요."

토니는 이탈리아 출신의 청소부였는데 공교롭게도 교사가 묘사한 모습과 똑같은 모습을 지니고 있었다.

교사는 상기된 얼굴로 말문을 열었다. "보셨죠? 저는 재미있게 수업을 하고 싶은데 현실은 이렇단 말입니다. 교장선생님의 방식으로는 재미있는 수업을 진행할 수가 없습니다."

"그런데 이건 제가 원하는 방식이 아닌데요."

"그게 무슨 말씀이세요? 전 교장선생님의 방식대로 했을 뿐인데요? 교장선생님께서 뭘 원하시는지 정말 모르겠어요."

"오후에 내 방으로 오세요. 설명해 드리겠습니다."

그녀가 찾아 왔을 때 내가 말했다. "길 건너편 공원에 가면 울새들이 있죠?"

"예, 많이 있습니다."

"아침에 큰 참나무 밑에서 울새에 관한 수업을 한다고 생각해 보세요. 울새의 크기와 색깔, 재미있고 경쾌한 걸음걸이, 눈과 머리의 움직임을 직접 보면서 배울 수 있지 않을까요? 사진을 통해서만 볼 수 있는 둥지와 새끼의 모습도 마음속으로 떠올려 볼 수 있습니다. 그런 다음 자기가 보고 배운 것에 대해 이야기하게 만드는 겁니다. 울새에 관한 것들을 모두 파악한 다음 가장 재미있고 유익한 것들을 골라 아이들에게 이야기해 주세요. 반복 학습이 필요 없다는 것을 깨닫게 되실 겁니다."

여교사는 미심쩍어하며 고개를 가로저었다.

내 방을 나가던 그녀의 얼굴에서 곧 닥쳐올 시험에 대한 걱정을 읽을 수 있었다.

"수업 계획안을 다시 작성해 오세요. 같이 검토해 봅시다."

부모님들의 걱정

　대부분의 평범한 부모들은 '교육이란 책을 통해 배우는 것이다'라고 생각하고 있다. 그리고 가난하면 가난할수록 전통적인 학교 수업을 과대평가하는 경향이 있다. 학교는 책을 통해 배움을 얻는 장소이고 아이들은 공부 이외의 다른 일에 시간을 허비해서는 안 된다. 놀면서 보내는 시간은 말할 것도 없고 음악, 요리, 이야기, 연극, 찰흙 만들기에 보내는 시간도 그들에게는 헛되이 보내는 시간에 불과하다. 아이들에게 필요한 것은 세상을 살아 나가는 처세술이고 또 힘든 일을 피할 수 있는 좋은 직장이다. 그래서 아이들은 읽기와 쓰기, 철자법과 셈법을 꼭 익혀야 하지만 음악과 망치질, 바느질과 음식에 대해서는 알 필요가 없다.

　교사들이 그랬던 것처럼 부모들 역시 '학교는 순종하고 암기하며 수업을 반복하는 곳'이라고 생각하도록 훈련을 받았다.

　나는 우리가 만들어 가는 변화가 성공을 거두기 위해서는 교사뿐만 아니라 학부모까지도 적극적으로 나서야 한다는 생각이 들었다. 사람들은 도시 아이들이 생활 속에서 직접 경험할 수 있는 기회를 많이 잃어버리고 있다는 사실도 깨닫지 못했고 또 학교가 그런 기회를 제공해야 한다는 사실도 깨닫지 못했다. '학교가 해야 할 일이 무엇인가?'라는 문제에 대한 공감대가 형성되지 않는 한 학교 생활은 절대 변화할 수가 없었다.

나는 교과과정의 압박으로부터 아이들을 구해내고 싶었고 또 성장할 수 있는 시간을 아이들에게 주고 싶었다. 그렇게 하기 위해서는 먼저 가정 학습의 부담을 줄여 줄 필요가 있었고 나는 내 생각을 실천에 옮겼다. 그리고 바로 그 무렵 샘의 어머니가 나를 찾아 왔다.

"안녕하세요. 샘에게 이렇다 할 숙제가 없는 것 같아서 그 이유를 여쭤 보려고 이렇게 찾아왔습니다. 숙제라고 해 봐야 문제 다섯 개와 단어 다섯 개 그리고 책 읽기가 전부더라구요. 물론 두세 개의 문장을 만들어 오라는 숙제도 있었어요. 하지만 그 정도의 숙제는 금방 끝내 버려요. 지난번에 다닌 학교에서는 두세 시간 동안 아이를 붙잡아 둘 수 있을 만큼 많은 숙제를 내주었는데 이 학교는 왜 그렇게 안 하는 거죠?"

나는 반론을 제기했다. "샘은 잘하고 있는 것 같은데 집에 가서 두 시간을 더 공부할 필요가 있을까요? 만약 하루 다섯 시간씩 열심히 공부하고 있다면 열 살짜리 아이에게는 충분한 것 같습니다. 그렇지 않습니까?"

"글쎄요, 잘 모르겠습니다. 공부하는 양이 충분한 것 같지는 않습니다. 다른 사람을 귀찮게 하지 못하도록 과제를 좀 더 많이 내주셔야 하겠어요. 어제 밤에는 아주 늦은 시간까지 귀찮게 하더군요. 샘은 날아

다니는 무언가를 만들고 싶어 하는 것 같은데 그보다는 긴 나눗셈 문제를 푸는 게 더 낫다고 생각합니다. 샘이 하고 싶어 하는 건 더 나이가 든 다음에도 얼마든지 할 수 있지 않겠습니까?"

"어머님께서 그렇게 생각하신다니 정말 유감입니다. 제 생각에 샘은 필요한 만큼 공부를 하고 있습니다. 만약 더 많은 숙제를 내준다면 많이 힘들어 할 겁니다. 샘에게는 눈부신 햇살과, 운동, 야외 활동 같은 것들이 필요합니다. 다음 달에 연날리기 대회가 있는데 아마 샘이 그 대회에 참가할 겁니다."

"그렇다면 샘을 전학시켜 주세요." 샘의 어머니가 단호하게 말했다. "제 아들에게 필요한 건 공부예요. 샘은 다른 부잣집 아이들처럼 쓸데없는 일에 시간 낭비를 할 형편이 못 된단 말입니다. 더 많이 가르쳐 주는 학교로 전학시키겠어요."

나는 그녀의 생각을 바꿀 수 있는 어떤 말도 할 수가 없었다. 하늘을 나는 것은 3R과는 너무도 동떨어진 것이었고 따라서 샘은 지상에 머물러 있을 수밖에 없었다.

일학년 꼬마들의 경우도 사정은 마찬가지였다.

"애론이 같은 반 아이들보다는 훨씬 더 뛰어나지 않나요?" 적극적인 한 어머니가 내게 물었다.

"애론이 아주 총명한 아이라는 얘기는 들었습니다만."

"예, 알고 계실 줄 알았습니다. 제가 직접 가르쳤거든요. 애론은 동화책 《빨간 암탉》을 끝까지 다 읽었구요 또 숫자도 백까지 셀 수 있어요.

언제쯤 월반할 수 있을까요?"

나는 "내년 1월에 다른 아이들과 함께 진급하면 되지 않을까요?"라고 대답했다(그때는 9월이었다).

"애론은 《빨간 암탉》을 다 읽었다니까요!"

"예, 알고 있습니다. 하지만 지적 능력이 높다고 해서 무조건 월반을 할 수 있는 건 아닙니다. 애론에게는 다른 아이들과 함께 생활하고 성장할 시간이 필요합니다. 교과를 암기하는 것만큼이나 중요한 일이 바로 그 교과를 느껴서 아는 일이고 교과를 느껴서 아는 것은 선생님과 급우들이 함께 할 때에만 가능하거든요. 만약 교과를 암기하게 하는 것이 학교의 목적이라면 그 학교는 문을 닫는 편이 더 나을 것입니다."

애론의 어머니는 월반이 어렵다는 것을 깨달았는지 깊은 한숨을 쉬고는 집으로 돌아가 버렸다.

"교장선생님 되십니까?" 작은 공처럼 생긴 남자가 사무실로 굴러들어오면서 말했다. "저는 프레드 애비 되는 사람인데 프레드 담임선생님 문제로 찾아 왔습니다. 프레드의 선생님을 어떻게 평가하고 계시는지 모르겠지만 제 생각은 이렇습니다. 그녀는 수업이 끝난 후에도 프레드를 집으로 돌려보내지 않습니다. 그리고는 프레드에게 이야기를 들려줍니다. 그러면 집으로 돌아온 프레드는 방방마다 돌아다니며 마치 배우처럼 대사를 외우죠. 그 선생님에게 말씀 좀 해주세요. 제발 그만 하라구요. 저는 더 이상 참을 수가 없습니다."

"프레드가 이야기를 좋아하던가요?" 내가 물었다.

"좋아하냐구요?" 프레드 아버지의 눈에서 불꽃이 튀었다. "물론 좋아하지요. 하지만 좋아한다는 것뿐이지 그 이상은 아닙니다. 이왕 가르쳐줄 거 산수를 좀 더 가르쳐 주면 얼마나 좋습니까? 나중에는 그게 더 큰 도움이 될 겁니다. 프레드는 공부를 잘 못합니다. 제 형님의 아들은 프레드와 같은 나이임에도 불구하고 벌써 두 학년을 월반했습니다. 프레드에게 필요한 것은 바보 같은 짓에 머리를 쓰는 것이 아니라 공부에 열중하는 것입니다. 교장선생님께서 한마디 해주세요. 프레드에게 가장 필요한 것은 읽고 쓰는 능력입니다."

"담임선생님을 만나서 설명을 들어보시겠어요?" 내가 제안했다.

"예, 만나게 해주십시오. 이야기를 들려주는 데 시간을 낭비해서는 안 됩니다. 공부할 시간이 많이 남은 것도 아니지 않습니까?"

담임교사가 들어왔다.

"프레드 담임선생님이십니까?" 아버지가 그녀를 보자마자 말했다.

"선생님, 이야기는 그만 들려주셔도 됩니다. 제가 바라는 건 이야기가 아니라 공부예요. 이야기를 듣는다는 건 정말 바보 같은 짓입니다."

"수업 후에 들려주는 건데 큰 문제가 되겠습니까?" 담임교사가 말했다.

"그건 그렇습니다만 어쨌든 제 아이를 도와줄 마음이 있으시다면 더 많은 과제를 내주세요. 제발 부탁이니 이야기는 그만 들려주세요. 정말이지 마음에 안 듭니다."

바로 그때 캐서린의 할머니가 문을 열고 들어왔다. 유쾌하고 정정한 모습의 할머니는 꼿꼿한 자세로 앉아 거침없이 말문을 열었다.

"어째서 이 학교 선생님들은 철자법을 안 가르치는 겁니까?"

할머니의 목소리는 단호했다. 그리고 그 눈빛은 도전적이었다.

"이제 더 이상 무의미한 일은 하지 말아 주세요. 그걸 확인하고 싶어서 왔습니다."

"캐서린이 몇 학년이죠?"

"1학년 7반입니다."

"예, 무슨 말인지 알겠습니다. 할머니, 저희 학교에서는 1학년 학생들에게 철자법을 가르치지 않습니다."

"저도 그렇게 알고 왔습니다. 사실대로 말씀해 주셔서 고맙습니다. 그런데 왜 그런 거죠? 《빨간 암탉》을 읽을 줄 아는 애가 단어를 쓰라고 하면 제대로 쓰는 게 없으니 이게 어떻게 된 일이냐구요? 밤마다 연습을 시켜 봤지만 좀처럼 나아지지가 않았어요. 도대체 뭐가 잘못된 겁니까?"

"아시다시피 저희가 가르치는 방식은 다른 학교들에서 가르치는 방식과는 조금 다릅니다. 수업이 어떤 식으로 진행되는지 한번 보시겠어요?"

"좋습니다. 어서 보여 주세요."

수업하는 모습을 보고 온 할머니는 "아주 젊고 훌륭한 선생님이시네요. 아이들이 읽기도 잘하는 것 같고. 하지만 난 여섯 살 때 이미 철자법을 떼 버렸고 또 그게 해가 되지는 않았던 것 같은데"라고 말했다.

나는 속으로 '도움이 되지 않았을 수도 있습니다'라고 말했다. 하지만 이번만큼은 침묵을 지키는 편이 더 나을 것 같았다. 할머니는 석연치 않은 표정을 지으며 발걸음을 돌렸다.

얼마 후, 전혀 생각지 못한 곳에서 불만이 터져 나왔다. 이번에는 메리 앤의 어머니였다. 메리 앤은 장애아반에 속해 있었고 메리 어머니는 그림처럼 자태가 고운 여자였다-운동용 스커트에 쇠단추가 달린, 몸에 꼭 끼는 윗옷을 입고 있었고 머리에는 깃털이 달린 밀짚모자를 쓰고 있었다. 메리 어머니는 곧장 담임교사를 찾아갔다.

"선생님, 이제 메리 앤은 아주 얌전한 아이가 되었습니다. 더 이상 나쁜 말도 입에 담지 않고 또 베티와 함께 일요학교에도 다닙니다. 선생님께 뭐라고 감사 드려야 할지 모르겠어요. 하지만 제가 드리고 싶은 말은 따로 있습니다. 빈둥거리며 시간 보내는 일은 그만 가르치시고 제발 글 읽는 법 좀 가르쳐 주세요. 교리문답을 배워 그 영혼을 구원받을 수 있도록 말이에요. 그렇게만 해주신다면 다른 일은 상관하지 않겠습니다. 제발 부탁이니 글이나 읽게 해주세요."

메리 앤의 어머니는 울음을 터뜨리고 말았다.

많은 학부모들이 진정한 교육은 책과 책 속에 담긴 지식을 배우는 것이라고 믿고 있다. '아이들이 책 속의 지식만을 배웠으면'하고 바라는 것이다. 부자와 가난한 사람을 막론하고 자신의 아이를 작은 상자에 담아 그럴듯하게 포장해 보이고 싶은 것이 부모의 마음이다. 자유분방함을 두려워하는 부모들, 그들은 아이들 스스로 자라나도록 내버려 두지 않는다. 어디 그뿐이겠는가? 학교는 학교대로 부모들의 요구에 응하다 보

니 비슷한 교실과 비슷한 자리를 만들 수밖에 없고 또 비슷한 아이들이
공부하는 '책 학교book school'를 만들어 갈 수밖에 없는 것이다.

3장

학교 밖에서

아이들을 위한 학교

첫 학기가 끝나 갈 무렵 학생 이동이 있었다. 우리 학교 6학년 학생들이 인근의 다른 학교로 옮겨 가면서 7학년으로 진급했고 이웃 학교 5학년 학생들이 우리 학교로 옮겨 오면서 6학년으로 진급했다.

두 번째 학기가 끝나 갈 무렵 다시 한번 학생 이동이 있었다. 애교심 하나는 확실하다고 믿었던 고학년 학생들을 내주고 그 대신 저학년 학생들을 받았던 것이다.

학교 간 학생 이동에 대해 우리가 무엇을 할 수 있었을까?

어느 날 아침, 한 어머니가 학교를 찾아와 교장선생님을 뵙고 싶다고 했다. 나는 그때 학교 안을 순시하고 있었다. 그녀는 내가 도착하자마자 먼저 이야기를 꺼냈는데 사실 그 내용은 평소에 교사들과 내가 필요성을 느끼고 있던 것에 대한 구체적인 사례라고 할 수 있었다.

"학교 이름을 외우는 것도 이젠 진절머리가 납니다. 이것 좀 보세요. 이게 합당한 일이라고 생각하시나요? 아들 녀석 둘은 공립학교를 졸업했고 하나는 고등학교에 다니고 있습니다. 참을 만큼 참았으니 무슨 조치를 취해 주든가 하셔야지요. 정말이지 미쳐 버리겠습니다. 토마스는 제퍼슨가에 있는 학교의 8학년 학생입니다. 메리는 1번가에 있는 학교에 다니고 있고 막내 존은 이 학교에 다니고 있습니다."

"아이들이 집에 오면 그때부터 전쟁이 시작됩니다. 자기 학교를 자랑하느라 아주 난리들이라니까요. 어제 저녁에는 메리가 교복을 들고 왔는데 토마스가 예쁘지 않다고 하는 바람에 울며불며 한바탕 소동이 벌어졌습니다. 애들 아버지는 제 탓을 하더군요. 하지만 이런 일은 우리 구역의 엄마들이 똑같이 겪고 있는 일입니다. 아이들이 이 학교, 저 학교 뿔뿔이 흩어져 다니고 있으니 이 일을 어떻게 하면 좋겠습니까?"

어머니는 말을 잇지 못한 채 손수건을 꺼내 들었다.

나는 같은 문제로 나를 찾아왔던 부모들의 모습이 떠올랐다.

"우리 애들이 같은 학교에 다닐 수 있도록 해주세요." 그녀가 다시 입을 열었다. "학교가 다 거기서 거기 아니겠어요? 같은 학교에 다니면 큰애가 작은 애를 보살펴 줄 수도 있고 얼마나 좋아요. 사실 작은애는 공부가 약간 처지는 편이에요. 그런데 큰애가 좀 도와주려고 하면 작은 애가 "우리 학교에서는 그렇게 안 한단 말이야"라면서 화를 낸단 말이죠. 애들이 같은 학교에 다니면 이런 문제가 생기겠습니까?"

"아이들이 같은 학교에 다니면 안 되는 거예요? 물어보고 싶네요. 이게 무슨 가족입니까? 가족이라고 할 수 없겠죠? 아이들은 제각기 다른 시간에 학교에 가야 하고 저는 온종일 식사 준비만 해야 하잖아요. 담임선생님께 이야기를 해봐도 아무 소용이 없어요. 교장선생님, 제발 부탁이에요. 아이들을 같은 학교에 다닐 수 있게 해주세요."

기운이 빠진 어머니는 그만 주저앉아 버리고 말았다.

어머니의 말씀이 옳았다. 더 이상 바보 같은 일을 되풀이할 수는 없었다.

"아이들이 같은 학교에 다닐 수 있도록 해주세요"라든가 "아이들이 그 학교에 다닐 수 있도록 해주세요"라는 문구가 아주 좋은 슬로건이었다. 만약 그렇게만 할 수 있다면 아이들과 교사들이 옮겨 다니는 번거로움도 피할 수 있을 것이다.

나는 내 말을 들어 주는 사람들에게 말했다. "일관성과 연속성은 학교 생활에 잠재된 두 가지 중요한 요소입니다. 학교를 나누는 것은 좋지 않습니다. 나는 모든 학년이 다 함께 생활할 수 있는 학교가 가장 바람직한 학교라고 생각합니다. 그런 학교에서 공부한다면 아이들은 더 빠르고 더 완전하게 배울 수 있을 것입니다. 이 학교에서 모든 학년의 아이들을 가르칠 수만 있다면 불필요한 전학으로 인한 낭비를 막을 수 있을 것입니다. 그렇게 하면 안 되는 무슨 특별한 이유라도 있는 것일까요?"

바로 그때 나이 지긋한 학교 관리인 한 분이 내게 충고를 했다.

"선동하지 마세요. 제가 이쪽에서 삼십 년 동안 일해 봤는데 그들을 선동해 봤자 아무 소용이 없어요. 만약 그들이 '비가 온다'라고 하면 그냥 우산을 내주세요. 하지만 선동할 필요는 없습니다."

나는 그 관리인의 말이 옳다고 생각하지 않았다. 나의 관점을 납득시키는 데 실패할 경우 나는 '그들이 이해를 못하는 것이다'라고 생각했다.

학부모가 찾아와 불만을 토로하면 나는 그들에게 "학교 관리처로 가 보세요"라고 말했다. '그들이 설명을 해줄 것이고 그 설명이 도움이 될 것이다'라고 생각했기 때문이다. 하지만 관리처 사람들은 선동하는 것을 불쾌하게 여겼고 아무런 조치도 취하지 않았다.

하루는 지역 교육청 사람이 나를 찾아왔다.

"도대체 뭐가 문제란 말입니까?" 그가 날카롭게 쏘아붙였다. "선생님은 지금 게임을 하고 있는 게 아닙니다. 처음에 이 학교로 부임했을 때 이곳이 육학년 과정이라는 것을 알고 있었잖습니까? 그런데 선생님은 부임하자마자 문제를 일으키기 시작했습니다. 교장으로 부임한 지 얼마 되지도 않았으니 좀 더 기다려 보세요. 때가 되면 모든 학년이 있는 학교를 맡게 될 겁니다. 기다리기 싫으면 다른 곳으로 전근을 가시던가요."

"무언가 오해를 하고 계신 것 같습니다." 내가 깜짝 놀라며 말했다. "제가 그것을 요구하는 이유는 제 자신을 위해서가 아니라 아이들을 위해서입니다. 이런 방식은 결국 아이들에게 해가 되고 말 것입니다. 만약 그 문제만 해결해 주신다면 어느 학교라도 가겠습니다."

"선생님의 눈이 모든 걸 말해 주네요. 잘 알겠습니다." 그가 말했다.

이의제기를 해봐야 소용이 없었다. 오히려 학교 사람들이 나의 잘못을 깨우쳐 주려 한다는 느낌이 들었다. 내가 교사일 때 겪었던 일을 교장이 되어서도 똑같이 겪고 있단 말인가? 그때 주위에서는 "하라는 대로 하세요. 다른 사람이 하는 대로 하세요"라고 말했었다.

그들과 나 사이에는 관점의 차이가 엄연히 존재하고 있었다. 그들은 관리라는 관점에서 학교를 바라보았고 나는 아이들의 전반적인 발전이라는 관점에서 학교를 바라보았다.

나는 봉사의 관점에서, 그들은 전통의 관점에서 생각했다.

이와 같은 학교 간 이동은 고학년 학생들에게 도움을 주기 위한 방안이었다. 최고의 교사, 최고의 건물, 교실당 최소 학생 수 그리고 최고의 설비는 상위 몇 학교만이 누릴 수 있는 혜택이었다. 우리 학교에는 최고의 설비와 매점도 없었고 또 체육관과 운동장도 없었다. 우리가 가진 유일한 것은 교실뿐이었다. 아이들이 학교에 남느냐 아니면 전학을 가느냐는 큰 문제가 아니었다. 그리고 저학년들이 어떻게 되느냐도 큰 문제가 아니었다. 고학년 중심의 전통적인 운영 방식은 현재까지도 변함없이 유지되고 있다. 고학년을 맡는 교사는 우수한 교사였고, 모든 학년이 있는 학교의 교장은 6학년까지만 있는 학교의 교장보다 상대적으로 높은 위치에 있었으며, 대학 총장은 고등학교 교장보다 높았다.

승진을 원하는 교사들은 고등학교로 옮겨 가거나 모든 학년이 있는 학교로 옮겨 갔다. 왜냐하면 그런 학교에 가야 더 높은 급여를 받을 수 있었고 또 교사로서의 경력에도 도움이 되었기 때문이다.

그렇다면 우리 학교가 진정한 학교로 거듭나기 위해서는 어떤 계기가 필요한 것일까? 학교의 훈육이 아이들의 행동에 미칠 수 있는 영향은 무엇일까?

나는 무엇을 해야만 했을까?

길거리 싸움

징계 대상자 명단에 상습적으로 올라오는 아이들이 있었다. 그 중에서도 가장 질이 나쁜 아이는 불량배의 우두머리였다. 버려진 집에서 생활하는 불량배 아이들은 돈이 될 만한 살림살이를 내다 판 다음 그 돈으로 오락을 하거나 담배, 과자, 음료수 따위를 사 먹었다.

불량배 아이들이 옆 동네 아이들과 싸움을 벌이는 일이 가끔 있었는데 그럴 때마다 부모들은 학교나 경찰서로 달려가 항의를 했다. 경찰은 아이들의 싸움을 말렸고 아이들은 어수선한 틈을 타 공터 맞은편의 지하 창고나 지붕 위로 달아났다. 한 손에는 돌멩이, 다른 한 손에는 변기 뚜껑을 잡고 옆 동네 불량배를 치러 가는 아이들에게 학교는 과연 무엇이었을까?

나는 불량배의 우두머리 격인 아이를 예의 주시하고 있었다. 왜냐하면 그 아이로 인해 거리의 싸움이 학교로까지 번지고 있었기 때문이었다. 그 아이가 좋아하는 장소는 차들로 붐비는 화물 창고였다. 화물 창고는 철커덕거리는 소리와 삐거덕거리는 소리 그리고 쿵쿵거리는 소리로 가득했고 그 안에서 정신 없이 뛰어 다니는 보조 차장은 연신 소리를 지르며 손을 흔들어 댔다. 달리는 말과 트럭들, 간담이 서늘해지는 사고와 구급차 주위로 몰려드는 사람들, 바로 이것이 삶이었다.

특별히 할 일이 없던 어느 날 밤, 뒤엎을 과일 노점도, 괴롭혀 줄 행상도 찾지 못한 우두머리 아이는 친구들을 데리고 화물 창고로 갔다. 창고 안에는 엿기름 자루가 무더기로 쌓여 있었는데 아이들은 그 중 몇 개를 자신들의 지하 소굴로 가져가 버렸다. 하지만 다음날 아침, 오학년 교실로 들이닥친 경찰에 의해 불량배 우두머리가 체포되고 말았다.

한 아이가 눈물을 글썽이며 "제발 플래니건이 저를 괴롭히지 못하게 해주세요"라고 부탁을 했다.

"플래니건이 누구냐?" 내가 물었다.

"저희들과 싸우고 있는 아일랜드계 불량배요. 날마다 저희들이랑 싸우고 있는데 어제 밤에는 우리 형까지 잡아갔다니까요? 물론 아버지와 경찰이 구해오긴 했지만 아버지는 그 우두머리를 잡아야 한다고 말씀하셨어요. 그 녀석의 진짜 이름은 애렌테예요. 2학년이구요."

"2학년? 넌 6학년이잖아?"

"걔하고 걔들 패거리는 덩치도 크고 힘도 무지 세요. 저희랑은 상대가 안 되는 애들이에요."

"내가 한번 알아 보마. 정말 딱한 일이구나." 나는 아이를 위로했다.

그날 아이의 어머니가 나를 찾아왔다. "선생님께서 플래니건에 대해 알아보고 계신다고 들었습니다. 오늘 아침에 저희 애 이시가 선생님을 찾아왔었죠?"

"예, 그렇습니다" 내가 대답을 했다. "그런데 애렌테라는 아이를 아직 만나지 못했습니다. 오늘 아침에 일이 좀 많았거든요."

"그랬군요. 그런데 그 나쁜 녀석이 글쎄 교장선생님께 일러바쳤다는 이유로 저희 애를 또 때렸다네요. 한번만 더 일러바치면 아주 혼을 내 주겠다고 그랬답니다."

나는 애렌테를 불렀다. 그런데 나를 보자마자 애렌테는 울음을 터뜨리고 말았다. 하지만 운다고 해서 문제가 해결되는 것은 아니었다. 나는 애렌테에게 "가서 어머니를 모시고 오너라"라고 말했다. 그리고 이시 어머니에게는 잠시 기다려 달라고 했다. 잠시 후 애렌테와 애렌테의 어머니가 문을 열고 들어왔다. 나는 두 사람에게 전후 사정을 이야기했다.

"글쎄요." 애렌테 어머니가 공격적으로 말을 꺼냈다. "이건 길거리에서 일어난 일 아닌가요? 제 말은 교장선생님이 이 일에 나서실 필요가 있느냐는 겁니다. 학교 일 보기도 힘드실 텐데요."

"하지만 애렌테가 우리 이시를 때렸잖아요!" 이시 어머니가 말을 가로막았다.

"그거야 그렇죠." 애렌테 어머니가 대답을 했다. "이시한테 말해 주세요. 싸움이 나면 스스로를 보호하라구요. 나 같았으면 아이들 문제로 학교에 찾아오지는 않았을 거예요. 만약 이시가 누구한테 얻어맞았다면, 그래서 눈에 멍이 들었다면 그건 그냥 운이 없었던 것뿐이에요. 길거리에서 일어난 일은 학교와는 전혀 상관이 없어요. 당신 아들 뒤치다꺼리 하려고 학교에 불려 다닐 필요도 없구요." 애렌테 어머니는 당당하게 자기 주장을 하고는 집으로 돌아가 버렸다.

"보세요, 애렌테가 이시를 때렸잖아요." 이시 어머니가 화를 내며 말했다. "엄마라는 사람도 보통 사나운 게 아니네요. 이러다가 제 아들이 맞아 죽기라도 하면 어쩌실 거죠? 당장 조치를 취해 주세요!"

나는 그렇게 하겠다고 말한 다음 이시 어머니를 배웅해 드렸다. 그리고 잠시 후 애렌테의 담임선생님을 불러 길거리 싸움에 대한 그녀의 생각을 물었다. 그녀는 한바탕 웃음을 터뜨린 다음 이렇게 말했다. "무슨 말씀이세요? 6학년 학생이 2학년 꼬마 아이 때문에 징징거리다니요! 혹시 그 6학년 아이에게는 보모와 유모차가 필요한 것 아닐까요?"

"선생님, 그게 아닙니다." 내가 말을 가로막았다. "애렌테에게는 뒤를 봐주는 나이 많은 애들이 있어요. 따라서 두 아이의 싸움은 정당한 싸움이 아니란 말입니다. 아시겠어요?"

"하지만 이건 길거리에서 일어난 일입니다, 그렇지 않습니까?" 그녀가 당황한 듯한 목소리로 물었다. "길거리에서 일어나는 일을 일일이 쫓아 다니며 통제할 수 있을까요? 그건 원한다고 해서 되는 일도 아니고 또 학교와도 전혀 상관없는 일입니다. 알겠습니다. 애렌테에게 주의를 주겠습니다. 하지만 주의를 준다고 해서 크게 달라지는 건 없을 겁니다. 왜냐구요? 애렌테가 안 때리면 다른 애들이 이시를 때릴 테니까요. 때리고 맞는 아이들 싸움에 학교가 끼어들 틈은 없습니다."

나는 '어떻게 그럴 수가 있지?'라는 의문이 생겼다. 우리는 길거리에 대해 알지 못했다. 교육을 구성하는 여러 요소들 중 세 번째로 중요한 요소인 길거리에 대해서 말이다.

내가 기록하는 〈사건 사고 일지〉 속에는 다음과 같은 사항들이 적혀 있었다.

"행상인으로부터 항의가 들어왔다. 아이들이 행상인의 턱수염을 잡아당기고 캔디를 가져갔다는 것이다."

"웰론 부인이 신고를 했다. 한 여자 아이가 비상 창문을 통해 집으로 들어와서는 찻잔 속에 들어 있던 11센트를 훔쳐 달아났다고 한다."

"아파트 관리인으로부터 항의가 들어왔다. 아이들이 재떨이 통을 쓰러뜨렸다는 것이다."

"간판 만드는 아저씨로부터 항의가 들어왔다. 아이들이 사다리를 치워 버리는 바람에 십 미터 높이의 건물 외벽에 한참 동안 매달려 있었다는 것이다."

"한 여자 분이 편지를 보내 왔다. 깨끗한 얼굴, 단정히 빗은 머리에 깨끗한 신발을 신고 등교하는 학생들에게 칭찬을 해주라는 것이었다. 하지만 우리 학교에는 출입구가 13개나 되고 학생 수도 4천명이 넘는다."

"전기회사로부터 협조 요청이 들어왔다. 전구를 보호하는 데 협조해 달라는 것이다."

"식료품점 주인이 신고를 했다. 레이첼이 오이피클을 훔친다는 것이다."

"공문을 받았다. 공공시설, 도로, 가로등, 공원, 도서(圖書), 공공건물을 보호하는 데 학교의 지원이 필요하다는 내용이었다."

'그래서?' 나는 속으로 말했다. '우리 학교는 뭐가 다르지? 글쎄, 그냥 오래된 학교 아닐까? 교사와 아이들, 길거리와 골치 아픈 문제들은 서로 다른 이름을 가졌을 뿐 알고 보면 모두가 똑같은 것들이다. 길거리는 으르렁거리고 삶의 거친 파도는 아이들을 집어삼키려 하는데 학교는 문을 닫아건 채 방관만 하고 있는 것이다.'

학교가 먼저 관심을 가져야 한다

　나는 극소수의 학부모, 그것도 아주 드물게 찾아오는 학부모만을 상대했는데 그들 대부분이 학교 일에 반대하는 부모들이었다. 그렇다면 대다수의 학부모는 어떤 사람들일까?

　그들은 학교 자체에 관심이 없는 사람들이었다. 그들 중 몇몇은 학교 번호는 물론, 담임교사가 누구인지도 몰랐고 심지어 자기 아이가 몇 반인지, 학교가 어디에 붙어 있는지도 몰랐다. 그들이 학교에 대해 알고 있는 것은 무엇일까? 학교에는 어떤 관심이 있는 걸까?

　우리는 그들의 가정에 대해 무엇을 알고 있고 또 어떤 관심을 가지고 있는 걸까?

　나는 해낼 수 있을 것이라 믿었다. 그들의 가정에 대해 알 수 있을 것이라 믿었고 또 그들의 가정에 관심을 가질 수 있을 것이라 믿었다. 하지만 그렇게 하기 위해서는 우리가 먼저 다가가야만 했고 그들의 '닫힌 문' 뒤에 무엇이 있는지 우리가 먼저 관심을 보여야 했다.

하이먼이라는 아이는 좀처럼 몸을 씻지 않는 아이였다. 해도 해도 너무 한다 싶어 나는 하이먼 부모님께 편지를 써 보냈다. 몸을 씻긴 후 학교에 보내 달라는 내용이었다. 하지만 하이먼은 그 후로도 계속 몸을 씻지 않았다. 바로 이것이 우리의 현실이었다.

하이먼의 담임교사가 말했다. "하이먼, 아무도 너를 씻겨 주지 않는다면 내가 씻겨 주마. 몸은 깨끗이 씻어야 하는 거야."

하이먼은 선생님과 함께 집으로 갈 수밖에 없었다. 혼잡한 거리와 어두운 골목, 가파른 계단을 지나자 하이먼의 집이 눈에 들어왔다. 집 안에 들어섰을 때 가장 먼저 눈에 들어온 것은 한쪽 구석에 놓인 탁자와 빨래통 옆에 서 계시는 어머니였다. 탁자 위에는 닭고기 조각과 수선된 신발, 뜯겨진 빵 덩어리와 낡은 버터 접시 그리고 지저분한 커피포트가 놓여 있었다.

그 집에는 학교에 다니는 아이가 다섯 명이나 있었다. 학교에서 돌아온 아이들은 빵 조각과 버터로 대충 배를 채운 다음 삶, 자유, 행복 추구의 권리를 누리기 위해 거리로 뛰어나갔다.

"예, 선생님." 어머니가 말했다. "하이먼이 지저분하게 하고 다닌다는 것은 벌써부터 알고 있었습니다. 하지만 말을 들어 처먹어야 말이죠. 선생님께서 씻으라고 하면 씻지 않을까요?"

선생님과 하이먼은 부엌을 지나 욕실 쪽으로 향했다. 창고 겸용의 욕실은 온갖 잡동사니들로 가득 차 있었다(모자와 신발, 낡은 옷가지와 빈 상자들이 아무렇게나 쌓여 있었다). 욕조 정리가 끝나고 드디어 하이먼의 목욕이 시작되었다. 정말 오랜만에 하는 목욕이었다.

그 선생님은 '학교가 하이먼에게 도움을 줄 수 있는 방법은 무엇일까? 지금 하이먼에게 필요한 것은 무엇일까? 철자법보다는 깨끗하게 사는 법을 배워야 하지 않을까? 북적거림과 셋방살이, 불결함과 방치! 맞아, 하이먼에게는 훌륭한 미국 시민으로 성장할 수 있는 계기가 필요한 거야'라고 생각하며 집으로 발걸음을 옮겼다.

한 교사가 "어제 제가 방문했던 가정에 대해 드릴 말씀이 있습니다"라고 말했다. "퍼시는 저희 반으로 배정된 다음부터 전혀 공부를 하지 않았습니다. 그래서 퍼시 어머니를 방문해 보는 것이 좋겠다고 생각했습니다. 저는 어머니와 약속을 잡고 집을 방문했습니다. 퍼시의 어머니는 마치 파티에 가는 듯한 옷차림이었는데 제가 시간을 빼앗아서 미안하다고 하자 그녀가 이렇게 말했습니다. '아, 아닙니다. 카드 놀이 모임이 있는데 아직 시간이 좀 있습니다. 퍼시에게 무슨 일이 생겼나요? 선생님을 귀찮게 했나요? 아이들은 귀찮게 하는 존재잖아요. 그런데 사오십 명의 아이들을 어떻게 감당하세요? 저는 하나도 힘들어 죽겠는데.' '퍼시가 학교 공부에 전혀 관심이 없습니다.' 제가 솔직하게 말했습니다. '항상 졸린 얼굴을 하고 있고 또 숙제를 제대로 해 온 적도 없습니다.' '아, 이런! 무슨 숙제요? 수업은요? 물론 집에서는 공부를 안 합니다. 그런데 학교에서 하는 공부로 충분하지 않을까요?' '공부를 잘하는 아이라면 학교 공부만으로도 충분하겠죠. 하지만 퍼시는 집에서도 안 하고 학교에서도 안 합니다.' '그렇군요. 그런데 아이들에게도 숨 쉴 틈을 줘야 하지 않을까요?' '퍼시가 잠을 잘 안 자나요?' '아유, 순진하시기는, 잠을 안 자고 어떻게 살아요? 차 한 잔 드릴까요? 싫으세요? 아니면 칵테일 한 잔 하실래요? 선생님께 뭘 대접해야 하죠? 만나서 반가웠습니다. 퍼시에게 관심 가져 주셔서 감사하고요! 화목한 집안에서 자랐으니 잘 할 겁니다. 걱정하지 마세요. 안녕히 가세요.' "

그리고 루스란 여자 아이가 있었다. 교사들은 그 아이가 학급을 장악하려는 의지가 너무 강해서 다루기 힘들다고 느낄 때가 많았다. 하지만 루스는 똑똑한 아이였다. 루스에게 무슨 문제가 있었던 것일까?

루스의 나이는 열 살이었다. 한번은 혁명 관련 불온 서적을 뒤지러 온 카자흐 경찰 앞에서 붉은색 옷을 흔들어 보인 일이 있었는데 바로 이 작은 시위 때문에 루스네 가족은 서둘러 러시아를 떠나야만 했다.

"교장선생님께 드릴 말씀이 있어요. 학교와 관련된 일은 아니구요." 어느 날 루스가 말했다.

루스는 다른 사람의 조언을 구하는 아이가 아니었다. 나는 루스의 이야기에 귀를 기울였다.

"저희 집에는 여덟 명의 식구와 아버지가 계셨는데 아버지께서는 자기가 원할 때만 일을 하셨어요. 집에서는 잠자는 것도 불편했고, 밥을 챙겨 먹는 것도 쉽지 않았어요. 집에만 있는 아버지는 그야말로 공포의 대상이었어요. 틈만 나면 욕을 하고 온갖 불만을 저희들에게 터뜨렸기 때문이죠. 돈을 안 갖다 줘도 좋으니 제발 좀 가만히 놔 뒀으면 좋겠어요. 아버지의 폭언은 날이 갈수록 심해졌고 어머니 눈에는 눈물 마를 날이 없었어요. 저는 어머니께서 우시는 모습을 차마 볼 수가 없었어요. 저희 어머니께서는 정말 힘들게 살아 오셨거든요. 아베는 여덟 살인데 머리가 약간 모자라는 것 같아요. 그리고 몸이 얼마나 약한지 보통 음식은 제대로 먹지도 못해요. 그리고 옷가게에서 일하는 큰 언니는 녹초가 된 몸을 이끌고 집으로 돌아와요. 모든 문제는 아버지 때문에 일어난다니까요. 아버지가 고향 친구들을 불러 밤새 카드를 치는 날에는 식구들 모두가 밤잠을 설치게 되죠. 정말이지 더 이상은 참을 수가 없어요."

잠시 말을 멈춘 루스가 내 입에서 무슨 말이 나올지 기대된다는 표정을 지어 보였고 나는 루스의 다음 이야기가 궁금하다는 표정을 하고 있었다.

루스가 다시 말문을 열었다. "저는 재판관 앞에서 솔직하게 털어 놓았어요. 그랬더니 재판관이 아버지와 같이 사는 것이 싫으냐고 물었어요. 저는 아니라고 대답했어요. 그리고 아무리 아버지이지만 폭언을 하는 것은 참을 수가 없다고 말했어요. 재판관은 필요한 조치를 취한 다음 '문제가 생기면 언제든 찾아오너라'라고 말했어요."

"아버지는 어떻게 되셨니?" 내가 물었다.

"아주 좋아지셨어요. 말을 많이 하는 건 아니지만 어쨌든 말하고 싶은 게 있나 봐요."

"아버지가 돈은 가져 오시니?"

"예, 재판관이 그렇게 하도록 조치를 취한 것 같아요. 이제 아버지는 일을 안 할 수가 없을 거예요. 저희들에게도 잘해야 하고 또 번 돈의 반

이상을 어머니에게 드려야 할 거예요."

∘∘∘

나는 수업 후 교실에 남아 있는 한 남학생을 발견했다. 그의 셔츠는 다른 아이들이 선생님께 가져온 꽃으로 가득 차 있었다.

"그 꽃으로 뭘 하려고?"

"집으로 가져가서 숨겨 놓으려고요." 왜 꽃을 숨겨 놓으려 했을까? 아이의 어머니는 훔친 꽃을 집으로 가져오는 것을 허락하지 않았다.

나는 아이의 아버지를 만나 보았다. 아버지는 자기 아들이 선생님의 꽃은 물론, 꽃가게와 공원에 있는 꽃들까지 훔치고 있다는 사실을 알고 있었다. 꽃을 훔칠 때마다 야단을 맞았지만 이번에는 아주 심하게 혼이 난 것 같았다.

"도리가 없지 않겠어요?" 아버지가 말했다. "저는 날마다 일을 해야 합니다. 아이들도 세 명이나 되고요. 비가 안 오는 날에는 하루 1달러 50센트를 법니다. 그래야 월세 14달러를 낼 수 있으니까요. 아이들이 공부를 잘하면 얼마나 좋겠어요. 콩 1파운드에 10센트나 하지만 그래도 먹는 데만큼은 돈을 아끼지 않습니다. 그런데 아들 녀석은 꽃이나 훔치고 다니니 이거야 원."

비가 안 오는 날 하루 1달러 50센트. 아버지가 입고 있던 낡은 옷과 그의 굵은 손마디가 눈에 들어왔다. 향기로운 꽃을 갈망하는 굶주린 영혼, 과연 그것이 아이의 잘못이었을까?

"제발 좀 도와주세요." 학교를 갓 졸업한 열여섯 살짜리 소녀가 말했다. "제 남동생이 난동을 부려요. 음식이 마음에 들지 않는다면서 그릇을 깨부수고 식탁보를 집어 던져 버려요. 한번은 제 남자 친구가 집에 놀러를 왔는데 남동생이 난동 부리는 모습을 보고는 연락을 끊어 버렸어요. 내년이면 열일곱 살인데 앞으로 몇 년 동안을 혼자 지내게 생겼어요. 이러다가는 남자 친구도 못 사귀겠어요. 동생이 집어 던진 베개와 그릇을 다시 사려면 적금을 깨야 하는데 이러다가 결혼할 돈도 다 날려 버리는 건 아닌지……."

"제발 우리 애한테 목욕 좀 하라고 하세요. 제 말은 통 듣질 않네요."

"허버트에게 동생 좀 그만 때리라고 하세요. 선생님 말씀은 듣지 않겠어요?"

"애가 돈을 훔쳐 갑니다. 정말 나쁜 녀석이에요."

"솔로몬이 말을 안 들어요. 경찰 좀 불러 주세요."

"도로시에게 약 좀 먹으라고 하세요. 선생님이 시키면 약을 먹겠죠."

부적절하고 고립된 가정들, 언제나 문을 닫고 있는 가정들이 끊임없이 우리의 도움을 요청하고 있었다!

학교의 문제는 곧 공동체의 문제다

학교 한 쪽으로는 도로가 나 있었고 도로 맞은편에는 공원이 자리잡고 있었다. 먼지 투성이의 도로는 늘 사람들로 붐볐고 처음에 아름답고 깨끗했던 공원은 시간이 흐를수록 점점 더 훼손되어 가고 있었다.

또 다른 쪽에는 우리를 방해하는 고가 철도가 있었다. 기차가 지나갈 때마다 조회를 중단하는 것은 물론, 교실에서 책을 읽는 것도 중단해야만 했다.

우리 학교가 속한 학군은 동쪽으로는 주택가, 그러니까 자기 집을 가진 사람들이 무리 지어 사는 주택가까지였고 서쪽으로는 네 개의 블록을 지나 철도가 있는 곳까지였으며 북쪽과 남쪽으로는 0.25마일 떨어진 곳까지였다. 아주 넓은 지역이 우리 학군에 속해 있었던 것이다. 곳곳에 공터가 있었고 기다란 철조망과 빈집들 그리고 공동주택들이 들어서 있었다. 이제 그곳은 운치 있는 교외 지역에서 공동주택이 밀집해 있는 지역으로 변해 가고 있었다. 해마다 봄이 되면, 도시 남쪽의 사람들이 찾아와 공동주택으로 돌아가는 가을까지 머물다 가곤 했다. 하지만 이러한 상황 자체가 학교와 지역사회를 불안하게 만들고 있었다. 찾아오는 사람의 수보다 돌아가는 사람의 수가 더 적었고 공동주택의 수도 끊임없이 늘어나고 있었다.

우리 학교 아이들 대부분이, 다닥다닥 붙어 있는 '방 두세 개짜리 공동주택'에서 생활하고 있었다. 사람들이 하나 둘 모여듦에 따라 공동주택의 수가 늘어나기 시작했고 거리는 공동주택에서 쏟아져 나온 사람들로 붐비기 시작했다. 길모퉁이, 도로 경계석, 캔디 가게, 당구장, 댄스홀 등이 우리 학군의 사교 중심지가 되었다.

그곳은 다양한 인종, 다양한 국적의 사람들이 모여 사는 곳이었다. 윤리, 사회, 종교, 교육, 청결에 대한 태도가 서로 다를 수밖에 없었고 또그 차이가 다양한 집단과 가족 그리고 이웃을 고립시키고 있었다. 부모들은 새로운 생활 환경에 적응하지 못했을 뿐만 아니라 학교가 어떤 의미를 갖는지, 다른 주민들과 어떻게 지내야 하는지에 대해 아무런 관심도 없었다. 하지만 아이들은 바쁘게 돌아가는 학교 생활 속에서도 무엇이 좋은 것이고 무엇이 나쁜 것인지를 금방 알게 되었다.

마이클은 장래가 기대되는 가장 총명한 학생들 중 한 명이었다. 마이클은 아침 일찍 등교해서 늦게까지 교실에 남아 있었고 무슨 일이 생기면 제일 먼저 선생님들을 돕는 아주 성실한 학생이었다.

이웃에 사는 한 여자가 마이클의 어머니를 모시고 학교로 왔다. 그녀는 "마이클의 어머니는 영어를 할 줄 몰라요. 그래서 같이 온 거예요"라고 말했다.

"아, 그랬군요. 저는 마이클이 이 도시에서 태어난 줄 알았어요." 내가 말했다.

"벌써 십오 년째 이곳에서 살고 있지만 영어는 한마디도 할 줄 몰라요." 이웃집 여자가 말했다.

마이클의 어머니가 말을 꺼내자 이웃집 여자가 통역을 해 주었다.

"마이클 어머니께서 마이클을 만나게 해 달라는군요."

잠시 후, 평소와 같이 밝은 표정을 한 마이클이 방문을 열고 들어왔다. 하지만 어머니의 모습을 발견한 마이클은 걸음을 멈추고 말았다. 어머니가 마이클 쪽으로 다가가자 마이클은 벽 쪽으로 뒷걸음질 치기 시작했다. 마이클의 얼굴이 어두워졌다. 어머니가 마이클의 어깨에 손을 얹었지만 마이클은 그 손을 거칠게 뿌리치고 말았다. 의자에 주저앉은 어머니가 흐느껴 울기 시작했다. 벽을 등지고 서 있던 마이클은 얼굴을 찌푸린 채 아래쪽만 보고 있었다. 나는 어떻게 된 일인지 영문을 알 수가 없었다. 잠시 후 이웃집 여자가 입을 열었다.

"아니 어떻게 이런 일이……. 마이클, 어머니를 그런 식으로 대해선 안 된다."

"학교에 오실 필요가 없었단 말이에요." 마이클이 투덜거렸다.

이웃집 여자는 울고 있는 어머니 쪽을 잠시 바라본 후 화를 내며 내게 말했다.

"교장선생님은 어떻습니까? 마이클이 좋은 아이라고 생각하십니까?

글쎄요, 저는 잘 모르겠어요. 학교가 마이클에게 많은 것을 가르쳐 주고 있다고 생각하시겠지만 그건 잘못된 생각입니다. 마이클을 망치고 있는 건 바로 교장선생님입니다. 이기심만 키워 준 탓에 어머니와는 말을 하지 않는 거라구요."

이웃집 여자는 다시 한번 마이클을 나무랐다. "네가 만일 내 자식이었다면 난 가만두지 않았을 거야. 단단히 버릇을 고쳐 놓았을 거라구."

대답을 하기 위해 고개를 든 마이클은 나와 눈이 마주치자 다시 시무룩한 표정을 지어 보였다.

"마이클, 이제 그만 교실로 돌아가거라. 수업이 다 끝나거든 내 방으로 오도록 해." 나는 마이클을 돌려보냈다.

그러자 이웃집 여자가 다시 끼어들었다. "저런 애들에게는 회초리가 약이에요. 마이클 어머니는 할 만큼 했어요. 정말 딱하지 않습니까? 수년 전, 러시아를 떠나 이곳으로 왔고 그때 이후로 조용히 살림만 해 온 여자입니다. 그런데 마이클은 영어를 못한다는 이유로 엄마를 창피하게 여겨 왔습니다. 어디 그뿐인 줄 아세요? 엄마의 옷차림을 비웃었고 또 학교 파티에 대해서는 입도 뻥긋하지 않았어요. 남편이라고 해서 나을 게 있겠어요? 남편 역시 창피하다는 이유로 혼자 살고 있다네요. 마이클은 아버지를 만나러 가면 이삼 일씩 자고 들어오는데 이번 주에는 아예 나타나지도 않았대요. 마이클 어머니가 학교에 온 이유는 마이클을 집으로 데려가기 위해서였어요."

바로 이것이 서로 다른 세계를 살아 가는 아이들과 부모들의 이야기였다. 아이들은 자신의 부모가 영어를 하지 못한다는 이유로 또는 미국인처럼 보이지 않는다는 이유로 부모를 부끄럽게 여기는 경우가 많았다. 어떻게 하면 아이들을 도와 그 아버지의 꿈을 이루게 할 수 있을까? 어떻게 하면 '아이들을 위한 학교'를 만들어 가는 일에 아버지들을 동참시킬 수 있을까?

학부모들이 학교의 훈육 의도를 잘못 이해하는 경우가 간혹 있었다. 지적 노동보다는 육체 노동에 종사하는 학부모들이 특히 더 그랬다.

신체적으로는 거의 다 자랐지만 아직까지 오학년 과정에 적응하지 못한 몇몇 아이들은 기초 과정을 집중적으로 가르치는 특별반에 편성되었다. 하지만 학부모의 항의가 만만치 않았다.

비록 그들과 생각이 다르긴 했지만, 어쨌든 나는 그들의 항의를 탓하지 않았다. 학부모들이 항의를 한 이유는 아이들에게 읽기와 쓰기, 산수를 더 많이 가르쳤기 때문이 아니었다. 정작 그들이 마음 아파했던 이유는, 특별반에 편성될 경우 아이에게 '학교 생활에 적응 못하는 아이'라는 낙인이 찍힐 수도 있었기 때문이었다.

그들이 떠나온 나라에서는 이런 문제가 생기지 않았다. 왜냐하면 대부분의 아이들이 그들의 아버지가 그랬던 것처럼 농장이나 공장으로 갔기 때문이었다. 하지만 그들이 새로운 땅으로 이주해 온 이유는 그러한 미래를 피하기 위해서였고 따라서 "아버님의 아이는 의사나 변호사 또는 성직자가 될 수 없습니다. 아마도 노동자의 삶을 살게 될 것입니다"라는 말을 듣게 되면 당연히 학교를 비난할 수밖에 없었을 것이다.

건강상의 문제도 무시할 수 없었다. 소음과 혼잡함, 구속이 없는 나라에서 살았고 또한 땅에서 나는 것들을 먹고 자란 부모들은 자신의 아이들이 왜 그렇게 자주 아파야 하는지 이해를 할 수 없었을 것이다.

소음으로 가득한 도시, 숨 가쁘게 돌아가는 생활 그리고 통조림 음식과 질 나쁜 음식들이 아이들에게 어떤 영향을 미치는지 그들은 알지 못했다.

자연적 치유의 힘을 믿는 그들은 학교에서 "의료적 처치가 필요합니다"라고 권하면 "크면서 괜찮아질 겁니다. 나는 한 번도 그런 병에 걸린 적이 없는데 왜 우리 애가 그런 치료를 받아야 하는 겁니까?"라고 답했다. 설령 의료적 처치의 필요성을 인정했다 하더라도 의사나 약품에 대한 신뢰는 거의 찾아볼 수가 없었다.

학교 자체만으로는 아무 것도 할 수 없었다. 학교는 정신적 성장과 지적 성장의 최대화라는 이념으로 설립된 것이 아니었다.

가정이 할 수 있는 일도 많지 않았다. 가정은 고립되어 있었고 적대적이었으며 무관심하기 짝이 없었다. 두려움과 불신에 사로잡힌 가정은 더 좋은 결과를 바라면서도 하는 일은 아무것도 없었다.

내가 배운 한 가지는, 교육은 학부모와 교사의 협조를 필요로 한다는 것이었다. 행위와 자기 표현은 길거리와 가정에서의 행동을 의미했고 도덕적 교육은 집단적 반응을 의미했다.

학교의 문제는 공동체의 문제로 드러나게 되었다. 교사와 아이들의 이동, 학교 시설 그리고 교과 과정은 학교의 문제이면서 동시에 공동체의 문제였다.

만약 사람들이 아이들의 교육에 대해 알지 못하고 그 내용을 공유하지 못한다면 학교는 아무짝에도 쓸모없는 존재가 되어 버릴 것이다. 폐쇄성과 자기 중심적 사고로부터 학교와 아이들을 구하기 위해서는 학부모와 교사가 함께 노력해야 한다.

4장

부모님들의 작업

학부모와의 소통

"어떻게 시작하게 되었나요?"

어떻게 시작하게 되었는지 정확히는 모른다. 다른 많은 사람들이 그랬던 것처럼 나 또한 아무 생각 없이 시작하게 되었다. 나는 천천히, 그것도 많은 실수를 거듭하면서 시작했다.

"어떻게 시작하게 되었나요?"

어느 상황에서나 공식처럼 적용해도 되는, 논리적으로 정리된 대답을 요구하는 질문은 아니었을까? 학교는 왜 이런 일을 시작했을까? 학교가 어떻게 발전해 왔고 또 발전하는 동안 어떤 가치를 배웠느냐가 더 중요하지 않을까?

나는 교사들에게, 우리에게는 학부모님들이 필요하다고 설명했다. 학부모님을 어떻게 끌어들이는가는 또 다른 문제였다.

우리의 일차적인 과제는 사람들의 말을 경청하는 것이었다. 그들이 더 많은 말을 할수록 우리는 그들이 어떤 사람이고 또 그들이 학교를 위

96

해 무엇을 해야 하는지를 더 빨리 알아낼 수 있었다. 우리는 귀 기울여 들었다. 그리고 학교가 필요로 하는 것을 우리의 이웃들이 가지고 있다는 것을 알게 되었다.

어느 날 아침 체조를 시작하기 전에 신사 한 분이 찾아와 나를 만나고 싶다고 했다. 흥분을 참지 못한 그는 계속 사무실 안을 돌아다녔다.

"제 아들 둘이 이 학교에 다니고 있습니다. 그러니까 아이들에 관련된 문제는 교장선생님께서 관심을 가져 주셔야 한다고 생각합니다."

나는 그 신사 분의 이야기에 귀를 기울였다.

"어제 이 학교 학생 하나가 제 아들을 죽일 뻔했습니다. 우유 배달부가 저희 집 맞은편 공터에 빈 병 상자를 놓아두었는데 어제 오후에 불량배들이 빈 병을 던지며 싸움을 벌였습니다. 정말 흉악한 짓 아닙니까? 우리 애들도 집으로 돌아오는 길에 그 놈들이 던진 병에 맞고 말았어요. 이건 살인 행위예요. 재미로 하는 장난이 아니란 말입니다. 학교는 대체 뭘 하고 있는 겁니까? 아이들을 보호할 수 있는 대책을 내놓아야 할 것 아닙니까?"

그는 몸을 꼿꼿이 세운 다음 더욱 강한 어조로 말을 이었다. "공립학교는 지역 사회의 선(善)을 위해 노력해야 합니다. 만약 학교가 우리 아이들, 즉 나라를 위해 목숨을 바친 미국인의 후예들을 외국계 아이들로부터 보호하지 못한다면 이 나라는 망하고 말 것입니다. 부모의 한 사람으로서 그리고 시민의 한 사람으로서 교장선생님께서 자신의 의무를 다해 주실 것을 부탁 드립니다. 그 놈들을 찾아서 벌을 주란 말입니다. 껍질을 벗겨도 시원치 않을 놈들입니다."

내 책상 쪽으로 다가온 그는 손가락으로 책상을 두드리며 말했다. "제가 어릴 때 학교는 법과 질서를 존중하는 마음 그리고 진실의 소중함을 가르쳤습니다. 그런데 요즘 학교는 그런 것들을 가르치지 않는 것 같습니다."

"하지만 가족의 관심과 보살핌이 없어서 그런 일이 일어났을 수도 있습니다."

"그것도 틀린 말은 아닙니다. 하지만 책임을 전가한다고 해서 문제가 해결되는 것은 아닙니다. 저는 증세에 대해서 말한 것뿐입니다. 치료는 학교가 해야 할 일이에요."

"알겠습니다. 어떻게 된 일인지 조사해보겠습니다." 내가 말했다. "원하신다면 그 결과를 알려 드리겠습니다."

"물론 알려 주셔야죠. 며칠 후에 다시 오겠습니다." 그는 안녕히 계시라는 인사말을 남기고 당당하게 걸어 나갔다.

나는 경험 많은 교사 한 명을 불러 그 일에 대해 알아 보라고 했다. 그 신사 분에게 정확한 조사 결과를 알려주고 싶었던 것이다.

"만약 우리가 이 일을 잘 처리한다면 그 분의 열정과 관심을 얻을 수 있을 것입니다." 내가 말했다.

며칠 후 그 신사 분이 다시 찾아왔다.

"교장선생님, 뭐가 좀 나왔습니까? 혹시 그 일을 잊고 계셨던 것 아닙니까?"

"아닙니다." 내가 말했다. "잊지 않았습니다. 싸운 아이들은 전부 우리 학교 아이들이었습니다. 유감스러운 것은, 그날 싸움을 벌인 아이들이 교사와 지킴이가 없을 때 학교를 나섰다는 것입니다."

"그것 보세요, 제가 말했던 대로 아닙니까. 아무도 신경을 안 썼단 말입니다."

"그리고" 그가 내 말을 막으려 했지만 나는 개의치 않고 계속했다. "두 패거리의 아이들은 상대방을 해치려 했던 게 아닙니다. 하루 동안의 중압감에서 벗어나기 위해 그저 빈 병을 집어 던졌던 것뿐입니다. 물론 매우 위험한 행동이었다는 것은 인정합니다. 경솔하고 무분별했던 거죠."

"경솔하고 무분별했다구요? 저는……."

"한 가지 더 말씀 드릴 것은," 나는 그의 말을 막으며 끝까지 말을 이어 갔다. "아이들 중 몇 명이, 이웃집에서 우유를 훔쳐 길 건너편 공터에 있는 도둑 고양이에게 먹였다는 겁니다."

"머리통을 깨부수려고 흉기를 쓰더니 이젠 도둑질까지! 제가 말씀 드렸잖습니까. 이제……."

나는 더 이상 그를 제지할 수가 없었다. 그는 다시 한 번 엄숙한 표정으로 말했다. "교장선생님, 길거리가 안전한 장소가 될 수 있도록 합당한 조치를 취해 주세요. 먼저 그 우두머리를 찾아내야 합니다. 그러면 나머지 녀석들은 쉽게 찾을 수 있을 겁니다."

"한두 명은 알고 있습니다." 내가 말했다.

"아, 그래요?" 그가 놀란 표정을 지으며 말했다.

"한 명은 헨리라는 아이입니다."

"헨리? 어떤 헨리?"

"어르신네 헨리 말입니다."

"제 아들 헨리요? 에이, 그럴 리가. 농담하지 마세요. 저는 지금 진지하단 말입니다."

"직접 한번 물어 보세요. 고양이 몇 마리를 키우고 있을 겁니다."

혈색 좋은 노인의 얼굴에 여러 가지 감정이 스쳐 지나가는 것을 읽을 수 있었다. 노인은 애써 헛웃음을 지어 보였다.

"글쎄요. 헨리가 그런 일을 했다니 믿기지가 않네요?"

"예, 맞습니다. 어리기는 하지만 방과 후에는 얼마든지 못된 짓을 할 수 있습니다. 옛날 아이들은 딴 짓 할 겨를도 없이 바쁘게 하루를 보냈지만 요즘 아이들은 그렇지 않습니다. 하지만 아버님께서 도와 주신다면 아이들의 방과 후 활동을 잘 지도할 수 있을 겁니다."

"제가 도울 수 있는 일이 있다면 얼마든지 돕겠습니다. 아이들이 건강하게 자라날 수 있는 동네를 만들어 봅시다. 어떤 일을 해야 하는지 알려만 주세요. 기꺼이 돕겠습니다." 자리에서 일어나는 그의 얼굴에 미소가 번졌다. "저는 인간적인 소통을 믿습니다. 그리고 헨리에게도 주의를 주겠습니다."

"아버님은 제가 믿을 수 있는 부모님들 중 한 분이십니다."

나는 걸어 나가는 헨리 아버지의 등에 대고 이렇게 말했다.

아이들에게는 정원이 필요했다. 그래서 선생님들은 길 모퉁이에 있는 부동산 업자를 찾아갔다. 부동산 업자는 선뜻 주위의 땅을 빌려 주었고 부동산 사무실에 있는 방 하나를 창고로 쓸 수 있게 해 주었다.

그는 우리가 확신을 가질 수 있도록 해준 핵심 인물 중 한 명이었다.

부동산 업자, 그것도 우리 학군에서 가장 바쁜 부동산 업자가 지저분한 아이들이 갈퀴, 괭이, 삽, 모종삽을 들고 그의 사무실을 들락거릴 수 있도록 허락했다는 것 그리고 덜커덩거리며 수레를 끌고 다닐 수 있도록 허락했다는 것을 생각해 보라.

그는 웃으면서 이런 일들을 해 주었다.

어느 날 그는 마음속에 품고 있던 '도시 개선 계획'을 설명하기 위해 시 고위 간부들과 함께 회의를 하고 있었다. 교사들은 아이들에게 조용히 지나가라고 주의를 주었고 아이들은 까치걸음으로 걸어 다녔다. 조용한 가운데 도구들이 옮겨졌고 마지막으로 아이작이 아끼는 손수레가 창고로 들어왔다. 아이작은 능숙한 솜씨로 손수레를 뒤집어 벽 쪽에 기대 놓았다. 그런데 이게 어찌 된 일인가? 안도의 한숨을 내쉰 교사가 문 쪽으로 몸을 돌리는 순간 손수레가 미끄러지면서 창고에 쌓여 있던 도구들이 와르르 무너지고 말았다.

"아이고 깜짝이야." 가장 높은 간부가 벌떡 일어나며 소리쳤다.

아이들이 사방으로 흩어진 도구를 정리하려 하자 '우리의 친구'가 고개를 돌리며 말했다. "이 아이들은 땅을 일구고 있습니다. 여러분, 이보다 더 소중한 일이 어디 있겠습니까? 땅으로 돌아갑시다! 땅은 부의 원

천입니다. 괜찮다, 얘들아. 해리가 정리해 놓을 거야. 어차피 닦아야 하는 도구들이었어."

　학교 앞 도로와 공원에는 나무가 거의 없었다. 그래서 우리는 식목일에 나무를 심으면 좋겠다고 생각했다.

　교사위원회는 공원관리위원장에게 공문을 보내 식목일에 심을 나무를 요청했다. 하지만 공원관리위원장은 "아이들이 그 비싼 나무로 무엇을 하겠다는 것인지 이해할 수 없음"이라는 애매한 답변을 보내 왔다.

　우리가 공원관리위원장을 어떻게 납득시킬 것인가에 대해 협의하고 있을 때 담당 교사가 정원 수업을 마치고 돌아왔다. 그는 이렇게 말했다.

　"나무를 구할 수 있을 것 같아요. 오는 길에 로버트 힐을 만났습니다. 아시다시피 그는 제가 가르쳤던 사람이고 지금은 행정 변호사로 일하고 있습니다. 그가 '꼬마들과 샵'으로 무슨 일을 하고 있는지 궁금하다고 해서 자세히 이야기해 주었고 또 나무 때문에 어려움을 겪고 있다고 말했습니다. 그랬더니 그 사람이 '선생님들께서 아마추어라 그렇습니다. 방법을 잘 모르시는 거죠. 공원관리위원장은 선생님들에 대해 아무것도 모릅니다. 제가 만나서 설명을 하면 나무는 구할 수 있을 겁니다.'"

　결국 우리는 예쁜 나무 열두 그루를 기증받았다(그 후 매년 열두 그루씩 나무를 기증받았다).

　몇 달 후 사람들은 아이들뿐만 아니라 우리들에게까지 관심을 보였다. 온갖 부류의 사람들이 온갖 종류의 이야기를 들고 학교를 찾아왔다.

그러던 어느 날, 여자 한 분이 나를 찾아왔다.

"무슨 일이십니까?"

"교장선생님 되시나요?"

"예, 맞습니다. 무슨 일로 오셨습니까?"

"제대로 찾아온 건지 모르겠네요. 사실 전 한 여자 아이 때문에 골치를 썩고 있어요. 제 아이는 아니고…… 만약 제 아이였으면 죽여 버렸을 겁니다."

"그 아이가 이 학교에 다니고 있나요?"

"아니요. 걔는 학교를 안 다닙니다. 나이는 열두 살이구요."

"학교를 왜 안 다니죠?"

"제 생각에 그런 아이를 받아 줄 학교는 없을 거예요. 왜냐하면 그 아이는 아주 나쁜 버릇을 가지고 있거든요. 한마디로 말해서 그 아이는 도망자입니다."

"도망자라고 하셨어요?"

"예, 도망자요. 걔는 어디든 가기만 하면 그곳에 만족하지 못하고 또 다른 곳으로 가 버립니다. 무슨 말인지 이해하시겠어요?"

그녀는 두툼한 손수건을 꺼내 얼굴을 닦았다. 설명하기가 쉽지 않아 보였다.

"걔 하나 때문에 온 동네가 난리예요. 제 얘기 좀 들어 보세요. 하루는 제 아기가 유모차에서 잠을 자고 있는데 걔가 집 안으로 들어와서는 아기를 들고 달아나 버렸어요. 그리고 아기를 들고 가다가 힘이 들었는지 이번에는 남의 집 지하실로 들어가 유모차를 훔쳐 달아나 버렸어요. 우리는 경찰과 병원에 연락을 했죠. 그런데 바로 그때 도망자가 저를 향해 걸어 와서는 '아기를 찾고 계세요?'라며 아주 순한 양처럼 물어 보더군요. 그래서 제가 '그래, 맞아. 아기는 어디에 있니?'라고 물었더니 그 아이가 '콘론 씨네 지하실에 있어요'라고 말했어요. 아기는 정말 콘론 씨네 지하실에 있었어요. 경찰관이 찾아와서 '아기는 괜찮습니까?'라고 묻길래 '예, 괜찮습니다'라고 대답했고 '유모차는 찾았나요?'라고 묻길래 '예, 찾았습니다'라고 대답했습니다. 그런데 경찰은 '그럼 이 꼬마를 혼내 주는 것으로 하고 사건을 종결 짓도록 하겠습니다'라면서 그 사건을 아이들의 장난쯤으로 치부해 버리더군요. 선생님, 학교가 무슨 조치를 취해야 하는 거 아닌가요?'

나는 아이의 어머니를 학교로 오시게 했다.

어머니의 눈에는 슬픈 기색이 역력했다.

"케이트가 말썽을 피웠다죠? 죄송합니다." 그녀가 말했다. "케이트 때문에 골치 아파 죽겠어요. 학교에 보내 놓으면 그저 내뺄 생각만 한다니까요. 그런데 선생님들은 차라리 내빼는 게 더 낫다고 하시던데요? 사실 애들 아빠가 장애인이라서 제가 늘 옆에 붙어 있어야 했거든요. 그래서 케이트를 제대로 가르치지 못했어요."

케이트를 신고한 여자 분은 어머니의 이야기에 귀를 기울였다.

"잘 들어 보세요." 새로운 생각에 영감을 얻은 듯 케이트의 어머니가 말문을 열었다. "케이트를 학교에 보내면 보살펴 주실 건가요?"

"최선을 다하겠습니다." 내가 대답했다.

"그러면 그렇게 하겠습니다." 케이트의 어머니가 굳은 결심을 한 것 같았다.

그녀는 자신의 약속을 지키기 위해 일 년 내내 케이트를 데리고 다녔다. 그리고 그 후로 케이트는 혼자서 학교에 다닐 수 있게 되었다.

케이트가 결석을 하지 못하도록 스스로 '무단 결석 관리자'를 자처한 어머니는 이제 아이들에 대한 관심을 가지게 되었다.

우리는 세력을 모아 가고 있었다.

원래 이곳에 거주하던 사람들을 참여시킬 수만 있다면 새롭게 정착하는 사람들을 끌어들이는 것도 충분히 가능한 일이었다.

시간이 흐르자 개인적 봉사를 통해 학교 생활에 관심을 가지려는 주민 집단이 생겨나기 시작했다. 그들이 친구들과의 대화에서 학교에 관한 이야기를 꺼내면 그 친구들이 다시 자기 아이들에게 학교에 관한 이야기를 들려주었다.

우리 학교에서 가장 어린 아이들 중 하나가 엄마에게 "엄마, 학교에 와서 우리 선생님을 한 번 보세요"라고 말했다. 그리고 그 아이의 엄마가 선생님을 보기 위해 학교를 찾았다.

"엄마," 아이가 속삭였다. "우리 선생님 사랑스럽지 않아요? 정말 예쁘죠?. 우리 선생님은 파랗고 예쁜 눈을 가졌어요. 항상 웃으시고요."

학부모들 중에는 교사를 집으로 초대하는 학부모도 있었다. 그리고 교사들 중에도 학부모를 학교로 초대하는 교사들이 있었다. 심지어 교사들이 아이의 생일 파티나 부모님의 결혼기념일에 초대되는 경우도 있었다.

학교의 안과 밖이 연결되고 있었다. 아이들과 교사들 그리고 부모님들이 점점 더 가까워지고 있었다. 자신의 틀 안에서 스스로 만족하고 있던 학교가 점점 더 크게 문을 열어 놓고 있었던 것이다.

학부모 조직

우리는, 사람들에게 가까이 다가가고 그들과의 협력을 유지하기 위해서는 무엇보다 먼저 그들에게 일을 주어야 한다는 것을 깨닫게 되었다. 우리는 각 개인과의 협력을 공고히 하면서 동시에 집단적 협조를 얻어 내기 위해 노력했다. 우리는 학부모들이 단체로 학교를 찾아주기를 희망했다.

가장 좋은 방법은 무엇이었을까? 우리는 부모님들과 소통할 수 있는 체계를 마련하기 위해 공식적인 교사 모임과 비공식적인 교사 모임을 동시에 가지기 시작했다.

하지만 그것은 쉬운 일이 아니었다. 이미 오래 전부터 학교 일에 관심을 가지고 있던 분들과 이미 학교 행사에 참여하고 있던 분들이 전부였다. 정작 우리가 필요로 하는 사람들은 여전히 이방인으로 남아 있었다.

우리는 일련의 모임을 갖기로 했고 다른 학교 학부모 모임에서 하는 일들을 따라 해 보기로 했다. 그 중 하나가 연주회 개최였다. 음악은 인류 공통의 호소력 있는 매개체였기 때문이다. 그리고 유명 강사의 강연회도 개최하기로 했다.

첫 번째 작업은 연주회 개최였다. 우리는 장소와 연주자를 확보했고 우리를 돕겠다고 나선 몇몇 부모님은 프로그램 진행을 맡았다.

연주회가 열리는 날 저녁, 헨리 아버님이 사회를 맡았고 교사들은 여기저기 흩어져 부모님들을 맞이했다.

8시 15분, 학교에 자주 오셨던 부모님들이 하나 둘 나타나기 시작했다. 하지만 연주회가 시작되는 8시 30분까지 강당을 찾은 부모님은 고작 40명 정도에 불과했다.

그날 밤 우리는 회의를 소집했다. 무엇이 문제였을까? 성공적인 행사를 위해 최선을 다했지만 그 결과는 참혹했다. 설명이나 변명 따위는 필요 없었다. 실패한 것이 분명했다.

우리는 다시 한번 시도했다. 이번에는 〈순수 식품〉에 관한 강연이었다. 〈순수 식품〉이라는 주제는 도시를 중심으로 광범위하게 회자되고 있던 주제였다. 우리는 일찌감치 강연회 홍보를 하는 등 다시 한번 최선을 다했지만 아무도 찾아오는 사람이 없었다.

"말씀 드리기 뭣하지만 저희들 계획에 '치명적인 결함'이 있었던 것 같습니다." 저학년을 담당하고 있던 한 교사가 말을 꺼냈다. "제 생각은 이렇습니다. 평범한 아버지들과 어머니들을 학교에 오게 하는 유일한 방법은 아이들의 공연을 보러 오게 하는 겁니다. 학부모가 학교에 오는 유일한 이유는 자기 아이가 이 학교에 다니고 있기 때문입니다. 지금부터라도 아이들의 공연에 대해 논의해 봅시다. 아이들이 공연을 하면 사람들이 몰려올 겁니다."

"하지만 그렇게 하려면 아이들을 늦게까지 붙잡아 둬야 합니다."

"그 문제에 대해서도 생각해 봤습니다. 아이들이 공연 연습을 마치면 담당 교사 인솔 하에 집으로 돌려보내는 겁니다. 물론 저학년 학생들이 먼저 마치도록 해야죠."

그 교사가 제안한 대로 했다. 부모님들이 먼저 아이들에게 관심을 보였다. 그것이 출발점이었다.

학교는 자연스럽게 연령별로 그리고 학생들의 필요에 따라 그룹화되었다. 유치원반, 1학년반, 저학년반, 고학년반이 편성되었다.

각 그룹을 담당하는 교사들은 방과후에 학부모 회의를 가졌다. 부모님들이 교실로 와서 아이들과 교사가 하루의 마지막 수업에 참여하는 모습을 지켜봤다. 그리고 아이들이 하교한 뒤에는 부모님들과 교사들이 함께 모여 회의를 했다. 회의 주제는 구체적인 것들이었다. 수업에 관한 것, 양치질에 관한 것, 야외 활동에 관한 것 등 모든 주제가 아이들에게 직접 적용되는 것들이었다.

평소 거리감이 느껴지던 부모님들이 아이들의 공연을 보기 위해 학교로 오기 시작했다. 그리고 한번 학교를 찾은 부모님은 그 후에도 계속 학교를 찾게 되었다.

하지만 문제는 줄곧 교사들이 그 작업을 해 왔다는 것이었다. 우리는 효율적인 조직 구성을 위해 세력을 모으고 있었다.

우리는 이런 일들이 마무리된 후에 다시 한번 대규모 행사를 갖기로 결정했다. 많은 사람들이 학교와의 공감대를 형성할 수 있도록 또 한번의 시도가 필요했던 것이다.

이번 행사는 아이들이 참여하는 2막짜리 연극으로 시작되었다. 학교 오케스트라가 음악을 담당했고 나는 1막이 끝난 뒤 강당을 가득 메운 사람들 앞에서 연설을 했다.

"학부모 여러분, 제가 여러분을 이 자리에 모신 것은 학교를 운영함에 있어 여러분의 집단적 협조가 필요하기 때문입니다. 여러분과 학교가 지역 사회의 정신적 지주로서 중요한 역할을 하고 있습니다만 사실아이들 교육에 있어서 만큼은 학부모 여러분이 훨씬 더 큰 역할을 할 수 있습니다.

선인장 나무에 관한 이야기를 기억하실 겁니다. 아주 먼 옛날에 선인장은 달콤한 열매를 맺는 나무였습니다. 그런데 선인장 나무가 자라는지역에 변화가 생겼습니다. 산이 솟아올랐고 바람이 바뀌었습니다. 한때 비옥했던 계곡은 불모지가 되어 버렸고 식물은 고사하고 말았습니다. 그러나 선인장 나무는 대지의 변화에 적응하기 위해 껍질을 단단히하면서 몸 밖으로 가시를 밀어내기 시작했습니다. 모래 바람이 휘몰아쳤지만 선인장은 그 공격을 막아 냈고 또 험상궂은 가시로 들판의 짐승들을 물리쳤습니다. 수천 년이 지난 후 지나가던 한 사람이 선인장을 가져다가 자신의 정원에 심었습니다. 이제 더 이상의 뜨거운 모래 바람은없었습니다. 수분과 부드러운 바람 그리고 비옥한 토양이 있었습니다.

선인장은 다시 한 번 원래의 모습, 즉 달콤한 열매를 맺는 멋진 나무의 모습으로 돌아가게 되었습니다. 이런 일은 여러분의 자녀들에게도 일어나고 있습니다. 여러분은 토양이고 바람이고 빛입니다. 그 속에서 아이들, 그러니까 여러분의 나무들이 자라고 있습니다. 여러분은 아이들을 훌륭한 사람으로 키워 낼 수도 있고 또 여러분의 정신적 이상을 수행할 수 없을 만큼 휘어지고 일그러져서 도저히 함께 지낼 수 없는 존재가 되게 할 수도 있습니다. 그만큼 큰 영향력을 가진 환경이라는 말입니다. 물론 모든 책임을 학교가 짊어지고 갈 수도 있습니다. 그러면 여러분은 완전히 자유로워질 수 있겠죠. 하지만 그것은 아이들에게는 좋은 일이 아닙니다. 아이들은 여러분을 필요로 합니다. 여러분의 책임을 교사들이 떠맡을 수는 없는 것입니다. 여러분은 저희들과 함께 짐을 나누어 져야 합니다. 아이들이 건강하고 지적인 사람으로 성장할 수 있는 환경 그리고 주위 사람들과 공감하면서 학교의 이상에 감사하고 가정과 선량한 미국 시민의 이상에 감사하면서 성장할 수 있는 환경을 만들어 주는 것, 바로 그것이 여러분과 저희들이 함께 해 나가야 할 일입니다."

그 후로도 많은 회의가 소집되었다. 다른 회의와 마찬가지로 이 회의들 역시 교사들이 주도하는 회의들이었다. 회의의 주도권이 교사들의 손에 있는 한 그것은 교사들의 회의였다. 부모님들에게 필요한 것은 동기 유발이었다. 부모님들의 의견의 중점 사항은 아이들의 요구 사항, 설비, 아이들의 수업, 학교의 연속성, 그리고 도덕적 수양이었다.

처음에는 몇 사람만이 아이들의 이동에 대해 이의를 제기했다. 그들은 개인 자격으로 학교를 방문했다. 그리고 학교와 주변 환경 때문에 방해를 받고 있는 학군 내의 더 많은 기존 거주자들이 두세 명씩 항의를 하러 왔다. 그들은 자신들의 모교가 명성과 평판을 잃어 가고 있다는 것 그래서 자신들이 직접 학교를 되살려야 한다는 것을 자각하고 있었다.

학교 안팎에서 그들을 만나 이야기를 나눌 때 나는 그들의 견해를 높이 평가했다. 그들은 고학년 아이들의 이동이 저학년 아이들에게 심각한 불이익을 초래할 수 있다는 나의 견해에 동의하고 있었다.

그들 중 한 젊은 변호사는 자신뿐 아니라 자신의 아버지도 이 학교를 졸업했다고 했다.

"제 생각에 그건 잘못된 일인 것 같습니다." 그가 말했다. "지역위원회 사람들이 자신들의 행동이 무엇을 의미하는지를 제대로 인지하지 못하고 있는 것 같습니다. 저는 그들 모두에 대해 잘 알고 있습니다. 그곳 비서와는 친구 사이인데 곧 만나기로 되어 있습니다. 그리고 몇 사람을 만나 이 문제에 대해 상의해 볼 계획입니다."

나는 며칠 후 다시 그를 만나게 되었다. 그는 잔뜩 화가 나 있었다.

"생각해 보시라구요." 그가 목소리를 높였다. "이게 말이 됩니까? 우리가 갔을 때 그들 모두가 큰 탁자에 앉아 있었습니다. 제가 이야기를 시작하자 상석에 앉아 있던 한 신사가 손을 들더니 '자리를 예약했습니까?'라고 묻지 않겠습니까? 그래서 저는 '아닙니다, 예약하지 않았습니다. 하지만 중요한 일을 상의하러 왔습니다'라고 대답했습니다. 그랬더니 그 신사가 '그렇군요. 당신네 비서한테 우리 비서에게 공문을 보내라고 하세요 – 빌리, 잘 들어둬 – 약속이 잡히면 바로 그 약속된 날에 당신의 이야기를 기쁜 마음으로 듣겠습니다'라고 하더군요. 빌리는 한 마디도 하지 않았습니다."

"그래서 어떻게 했습니까?"

"제가 뭘 할 수 있었겠습니까? 그들은 우리에게 누구를 대변하느냐고 물었습니다. 자신들을 다시 찾아 오기 전에 세력을 가져야 한다는 것을 넌지시 암시한 것이죠. 그래서 우리는 세력을 키우기로 했습니다. 단체를 만들어서 다시 찾아갈 겁니다. 이것이 저의 계획입니다."

학교는 이미 추진력을 제공하고 있었다. 그들의 힘을 확신하고 학교와 관련된 일에서 입장이 분명한 핵심 인물 몇 명이 회의를 소집했다. 그들은 학교 건물을 이용하려고 노력했지만 허가가 날 때까지 기다릴 만큼 참을성이 많지 않았다. 부동산 업자가 지저분한 꼬마 정원사들에게 제공했던 것처럼 무상으로 자신의 길모퉁이 가게를 사용하게 해 주었다. 사람들은 살금살금 까치발로 걸어다닐 필요도 없었고 또 눈치를 보며 대화할 필요도 없었다. 결국 이것이 학부모 조직의 출발점이 되었다.

소통, 개선, 끝임없는 도전

부모님들은 수시로 회의를 하고 싶어 했고 일이 마무리되는 것을 보기 위해 빨리 착수하고 싶어 했다. 그러나 학교 교칙은 일 년에 네 번의 회의만 소집하도록 규정하고 있었다. 우리는 양립할 수 없는 아이디어나 관점을 제시하기도 했다. 어떤 사람은 다른 사람의 의견을 따라갔고 어떤 사람은 자신의 생각이 더 나을 수 있다고 주장했다.

처음에 우리는 그런 사람들을 무시하고 우리가 편한 쪽으로 일을 진행시켰다.

그러나 그것은 좋은 방법이 아니었다. 사회는 그러한 방법을 용납하지 않는다. 우리는 좀 더 인내심을 가지고 그들의 이야기를 경청해야 했고 발을 구르며 논쟁을 해야 했다.

우리는 상대방의 입장을 이해할 수 있게 되었다. 만약 좀 더 일찍 그런 이야기를 주고 받았더라면 좀 더 쉽게 그의 입장을 이해할 수 있었을 것이고 또 귀중한 시간을 허비하지 않아도 되었을 것이다.

부모님들이 건물을 좀 더 자주 사용하고 싶다고 요구했지만 학교 당국이 반대하고 나섰다.

"그건 안됩니다." 그들이 말했다. "승인이 나지 않았습니다. 나쁜 선례를 남길 수는 없습니다."

그러나 부모님들은 쉽게 포기하지 않았다.

"예, 여러분이 책임감 있고 존경 받는 시민이라는 것은 알고 있습니다. 하지만 여러분은 일반인에게 학교 건물을 개방할 것을 요구하고 있습니다. 만약 그들이 학교 기물을 파손하거나 건물을 훼손하면 어떻게 하죠? 학교가 아이들을 위한 공간이라는 점을 잊어서는 안 됩니다. 우리는 아이들의 권익을 보호해야 합니다."

"하지만 우리는 아이들의 부모입니다." 부모님들이 목소리를 높였다.

"예, 예, 여러분이 더없이 훌륭한 분들이라는 것을 믿습니다. 하지만 다른 장소를 알아보셔야 할 것 같습니다. 여러분은 저희가 해 드릴 수 없는 것을 요구하고 있습니다. 일 년에 나흘 동안 건물을 사용할 수 있게 해 드리겠습니다. 최대한 호의를 베풀어 드리는 것이니 더 이상 여러분의 권리를 남용하지 마십시오."

부모님들은 일 년에 네 번의 회의를 갖는 것에 만족할 수가 없었다. 하지만 더 필요할 경우 부동산 업자 사무실이나 길모퉁이 옆 캔디 가게에서 회의를 갖기로 하고 우리의 제안을 받아들였다.

부모님들은 지역학교위원회가 학교를 대변할 필요가 있다고 의견을 모았다. 하지만 우리 학교 아이들의 부모님들 중에는 지역학교위원회의

위원이 없었다. 따라서 지역학교위원회가 부모님들의 요구를 이해하지 못하는 것은 너무나도 당연한 일이었다.

주민들이 부모님들의 의견을 지지하자 곧바로 지역학교위원회를 담당하는 학부모 집행부의 의장이 선출되었다. 이것은 아주 커다란 진전이었고 학교와 관리 당국 사이의 튼튼한 연결 고리가 생겨나게 되었다.

부모님들은 자신들이나 아이들에 관한 중요 사항이 논의되는 월례 회의를 학수고대했다. 정교하고 효율적인 진행을 위해 사전에 발표자가 정해졌고 프로그램의 세부 사항이 훌륭히 준비되었다.

통상적인 '업무 절차'가 요구되었다. 다양한 분과에서 보고서가 작성되었고, 그것들은 다시 사안에 따라 채택되거나 추가 작업을 위해 반려되었다. 새로운 작업을 위한 새로운 분과가 편성되었고 청중은 그날의 특별 주제에 대해 편한 자세로 끝까지 경청했다.

보건 관련 회의는 교사들이 아닌 집행부에서 주재를 했다. 그 이야기를 꺼낸 사람은 의사로 일하는 한 주민이었다.

그 의사는 "수천 명의 학생이 생활하는 공립 학교는 전염병의 온상이 되기 쉽다"라고 경고했고 어떻게 하면 아이들을 전염병으로부터 보호할 수 있는지, 전염병의 초기 증세에는 어떤 것들이 있는지 알기 쉽게 설명해 주었다.

설명을 마치기 전 그 의사는 "최종적인 보살핌은 학교에 계시는 분들, 보건 당국, 의사 그리고 간호사들에 의해 이루어지지만 아이들의 건강과 생명을 가장 확실히 보호할 수 있는 것은 바로 부모님들입니다"라고 강조했다.

회의를 통한 토론 방식은 항상 당면한 문제에 일반적인 원칙을 직접 적용하는 방식이었다. 만약 우리가 예술에 관한 토론을 한다면 그것은 곧 아이들이 그린 그림에 관한 토론이 되었고 또 만약 우리가 놀이에 관한 토론을 벌인다면 그것은 곧 아이들이 뛰어 노는 운동장과 아이들이 지나 다니는 도로에 관한 토론이 되었다. 우리는 외부인을 토론에 참여시키려는 시도는 하지 않았다. 우리의 작업은 특정한 것이었고 그 결과는 항상 구체적인 업무를 수행하는 것이었다. 그런 탓에 많은 일들이 시도되었음에도 불구하고 논의로만 그치는 경우가 비일비재했다.

부모님들은 구호 활동을 해야 한다는 의견에 자연스럽게 동의하게 되었다. 방치된 아이들이 학교의 보살핌을 받을 수 있기를 간절히 바랐던 것이다. 상임분과위원회가 구성되었다. 분과위원회의 임무는 부모에 의한 방치, 빈곤, 무단 결석의 경우들을 철저히 조사하는 것이었다. 조사 작업은 단순하고도 직접적인 것이었으며 논쟁을 벌일 필요도 없이 일사천리로 진행되었다.

작고 병약한 패트가 학교에 나오지 않았다. 교사가 통지문을 보내도 답이 없었고 전화를 해도 받는 사람이 없었다.

패트의 결석은 간단히 처리할 수 있는 문제였다. 주민들은 패트의 아버지가 술주정뱅이라는 것과 집에 거의 들어오지 않는다는 사실을 알고 있었다. 패트 아버지에게는 직업이 없었다. 패트 어머니가 일을 했지만 음식과 옷을 마련할 만큼 충분히 벌지는 못했다. 패트에게는 옷과 먹을 것 그리고 치료가 필요했다. 패트에게 옷과 음식을 제공해 주었고 치아 치료도 해 주었다. 패트는 다시 학교에 다닐 수 있게 되었고 그것으로 패트의 문제는 완전히 해결되었다.

학교에는 패트와 비슷한 처지에 있는 아이들이 또 있었다. 그들은 먹을 것과 입을 것을 구하지 못했고 적절한 의료 혜택도 받지 못했다.

물질적 필요는 새로운 일이 아니었다. 게다가 물질적 필요를 충족시키는 방법도 새로운 일이 아니었다. 새로운 것은 물질적 필요를 충족시켜주는 집단이 생겼다는 것이었다. 그들의 임무는 이웃을 돕는 일이었다. 또 한 가지 새로운 것은 공동의 노력을 통해 자각하는 능력과, "예, 그 애가 제 동생이기 때문에 제가 동생의 보호자가 되겠습니다"라고 대답할 수 있는 책임감이 생겼다는 것이었다.

이제 "도와주세요"라는 부탁은 "제가 돕겠습니다"라는 대답만큼이나 자연스러운 것이 되었다.

집단적 판단은 신뢰할 수 있는 의사 결정 수단이 되었다. 부친이 아프다고 하면 돈을 빌려 주었고 집에서 쫓겨나게 된 가족과 가게 물건을 외상으로 사는 가족에게도 돈을 빌려 주었다. 그리고 그 가족은 형편이 나아진 다음 조금씩 그 돈을 갚아 나갔다.

구호분과위원회에는 흰 머리가 많은 똑똑한 미국계 변호사 한 분이 위원으로 소속되어 있었다. 그는 자선을 베푸는 일에 반감을 표시했고 분과위원회의 관대함에 늘 제동을 걸었다.

"이 사안에 대해 깊이 생각해 보셨습니까?" 그는 뾰족한 집게손가락으로 안경을 고쳐 쓰면서 이렇게 물었다. "확실한가요? 이번 주에 올라온 사안 중 몇 가지가 좀 이상합니다. 조치를 취하기에 앞서 추가 조사가 필요할 것 같습니다."

"추가 조사라니요! 그것은 정부 복지 부서에서나 하는 소리입니다. 추가 조사를 하는 동안 그 가족은 굶어 죽고 말 겁니다. 안됩니다. 먼저 지원을 하고 그 다음에 추가 조사를 해야 합니다." 분과위원회의 책임자였던 헨리 아버지가 말했다.

"예, 좋습니다. 하지만 여러분은 속을 수도 있습니다. 제 말을 명심하세요. 여러분은 속을 수도 있습니다!"

한 가족이 끊임없이 도움을 요청하고 있었다. 일단 식료품과 신발, 의료품, 월세 등을 지원한 다음 더 철저한 조사를 진행하기로 했다.

최종 보고서가 위원회에 제출되었을 때, 일부 부모님들이 다른 사람들에게 알리지 않고 금전, 식품, 의류 등을 그 가족에게 제공한 사실이 드러났다. 뿐만 아니라 두 개의 자선 단체 역시 그 가족이 많은 자산을 소유하고 있다는 사실을 인지하지 못한 채 계속 지원을 하고 있었다.

긴장 속에 침묵이 흘렀다. 나이든 미국계 변호사가 펄쩍 뛰면서 고함을 질렀다. "사기를 당한 거야. 조지에게 사기를 당한 거라구! 내가 말했잖소, 사기를 당할 수도 있다고!"

조사관 한 명이 분과위원회에 배정되었다.

우리는 부당하게 지원을 받으려는 사람들이 위원회가 하고자 하는 일을 더 잘 이해할 수 있도록 다음과 같은 안내문을 발송했다.

"자선은 우리 단체의 일차적인 목적이 아닙니다. 우리의 목적은 아이들을 돕는 것입니다. 그리고 무엇보다 중요한 것은 부모님들께서 스스로 아이들을 도울 수 있도록 압박하는 것입니다."

무단 결석과 원조 물자 사이에는 긴밀한 연관이 있었다. 상습적인 결석의 경우 출결 담당에게 그 사실이 통보되면 출결 담당이 '가사 곤란'으로 보고를 했다. 그리고 보고를 받은 위원회가 의류 지원을 결정하면 결석 문제가 해결되었다. 그리고 경우에 따라서는 가족 중 일할 수 있는 사람에게 일자리를 구해 주기도 했다. 이런 일들은 반복적으로 이루어지고 있었다.

그런가 하면 간단히 처리하기 힘든 무단 결석도 있었다. 육중한 몸집의 구두닦이를 학교로 돌아오게 하는 일은 결코 쉬운 일이 아니었다. 소리 지르고 발길질까지 하는 '정상적인 무단 결석자'를 학교로 끌고 오는 일이 어디 쉬운 일이었겠는가?

청소하는 아주머니를 한 블록 떨어진 곳으로 보내서 그녀의 아이를 데려오게 하는 일도 결코 쉽지 않았다. 하지만 위원 중 한 분, 그러니까 '도망자'를 데리고 왔던 여자 분이 날마다 찾아간 끝에 아이를 데리고 오는 데 성공할 수 있었다. 온갖 변명에 할 말을 잃어버린 출결 담당은 일처리에 진전을 보이지 못했지만 이 여자 분은 날마다 그 집을 방문해서 아이들을 학교에 보내야 한다고 설득했다.

자신이 직접 가지 못하는 날에는 학교에 들르거나 사람을 보냈다. 자신이 담당한 아이들이 결석을 하게 되면 그녀는 곧장 달려가 아이를 학교로 데리고 왔다. 이러한 집요함에는 오직 한 가지 원칙만이 있었다. 그것은 바로 '아이들은 학교에 와야 한다'라는 원칙이었다.

학부모 단체의 목적은 명확했다. 그것은 바로 학교 당국과 소통하고 협력하면서 아이들 교육에 관계된 사항들을 개선해 나가는 것이었다. 더 간단히 말해서 그것은 아동 복지에 관한 집단 의식을 관리하는 것이었다.

얼마 후, 우리가 어떤 일을 하는지 알고 싶다는 요청이 쇄도하기 시작했다. 단체의 회장인 '정원 주인'이 새로운 아이디어를 내놓았다.

"저는 오늘 조간 신문 삼백 부를 배포했습니다. 우리와 우리 일을 소개하는 기사가 게재되었거든요. 읽어 보셨나요? 저희 직원이 기사를 오려 봉투에 넣느라고 엄청 바빴답니다.

"일이 점점 커지고 있습니다." 그가 말을 이었다. "모든 학교에 학부모회를 만드는 일! 정말 멋진 아이디어 아닙니까? 저는 얼마 전부터 이 일에 대해 생각해 왔습니다. 정책 보고서를 만드는 것은 어떨까요?"

"멋진 생각입니다." 내가 그의 사기를 북돋우며 말했다.

"아이들에 대한 공평한 대우는 더 많은 학부모회와 학부모회 연맹의 결성, 교사와 학부모 간의 협력, 초등학생 및 유아들을 위한 최고의 교사 확보, 더 많은 학교와 더 적은 규모의 학급을 의미합니다." 그가 열변을 토했다.

나는 마치 나 자신이 말하고 있는 듯한 느낌이 들어서 만면에 미소를
지어 보였다.

위원장은 분과위원회를 구성하여 질의 사항에 답변할 수 있도록 하라
고 지시했고 또한 학부모회를 만들고자 하는 사람들에게 전폭적인 지원
을 제공하라고 지시했다.

천성적으로 우리는 전도사들이 될 수밖에 없었다. 어떤 아이디어가
생기면 그것이 세상에서 가장 중요한 아이디어라고 믿는다. 그리고 마
치 진정한 개혁가처럼 캠페인을 벌이는 것이다.

하지만 성인 단체가 지니는 위험성은 구성원들의 과도한 열정에 있는
것이 아니다. 오히려 그 단체가 비타협적이고 정적인 상태로 고착될 때
그리고 그 자체로서 하나의 시스템이 되어 버릴 때 진정한 위험이 발생
한다. 학부모 단체가 정적인 상태로 고착되는 경우는 드물다. 오히려 유
동적인 경향을 띠는 경우가 더 많을 것이다. 어느 해에 참여하면 그 다
음 해에는 학부모회를 떠난다. 한 무리가 들어오면 또 다른 무리가 떠난
다. 그들은 초보자들이 범하는 실수를 똑같이 범하기 마련이다. 그들의
작업은 학교의 이해심과 인내심에 대한 끊임없는 도전이다.

가두행진과 집단의 힘

아무리 많은 사람이 이주해 와도, 아무리 많은 공동주택이 생겨나도 공원은 항상 그 자리에 있었다. 학교가 학생들로 넘쳐 날 때 우리는 공원을 내다보며 말했다. "저곳은 산소와 햇빛으로 가득 차 있다. 저곳에는 많은 나무와 그늘 그리고 풀밭이 있다." 거리가 사람들로 넘쳐 날 때 공원은 사람들을 받아들였고 참기 힘든 여름밤에도 잠잘 수 있는 자리를 내주었다. 햇빛 가득한 공원은 항상 미소 지으며 지친 사람들을 위로해 주었다.

그러던 어느 날, 학부형 한 명이 찾아와 이렇게 말했다. "무슨 일이 벌어지고 있는지 아세요? 공원에 병기고를 짓는답니다. 공원을 연병장으로 사용하려나 봐요. 결코 용납할 수 없는 일입니다. 우리에게는 공원이 필요하잖아요. 게다가 아마추어 군인들이 우리 곁에 있는 것은 원하지 않습니다. 학부모회 집행위원회를 당장 소집해 주세요."

이틀 밤이 지난 후 위원장 집에서 회의가 열렸다. 공원 일부를 병기고로 사용하는 법안이 통과되었다. 한시가 급했다. 전권을 위임받은 시민위원회가 구성되었고 전체회의가 소집되었으며 캠페인, 탄원, 항의가 이어졌다. 법안이 시장의 승인을 기다리고 있다는 소식을 들은 위원회는 또 다른 공원 애호가들과 함께 시장을 찾아가 거부권을 행사할 것을 촉구했다.

아이들을 위해 공원을 지켜 냈다는 것과는 별개로 사람들은 정치적 이해관계에 직면했을 때조차도 자신들의 힘으로 소기의 목적을 달성할 수 있다는 사실을 깨닫게 되었다.

그로부터 2년 후, 공원을 빼앗으려는 두 번째 시도가 있었다. 하루는 공원 근처에서 측량사를 발견한 공원 관리인이 때마침 산책을 하고 있던 한 주민에게 "측량사가 있다는 것은 그 부근에 새로운 건물이 생긴다는 말이에요"라고 말했다. 그 주민은 학부모회 집행위원회 위원이었다. 곧바로 집행위원회가 소집되었고 조사 작업이 시작되었다. 결과는 놀라웠다. 공원 내 소방서 건설 계획이 수립되어 이미 그 예산이 책정되었고 머지 않아 공사가 시작된다는 것이었다. 이제 남은 것은 공원 관리 위원장이 부지를 선정하는 간단한 행정 절차뿐이었다. 학부모회는 단단히 각오를 하고 있었다. 이제 그들에게는 도움을 청할 수 있는 단결된 이웃이 있었고 캠페인을 진행할 수 있는 사회복지관이 있었다.

강당에서 공청회가 개최되었고, 학교, 주민 회관, 주민 보건소에서도 회의가 열렸다. 학부모회가 소집되었고 스무 살 미만의 젊은이들은 학교 그룹으로 편성되었다. 그들은 어른들의 집단 행동에 참여할 준비가 되어 있었다. 그들에게 기회가 왔다. 그들은 공개 회의에서 여러 가지 일을 도왔다. 그리고 그들은 "공원을 없애지 마세요. 주민들을 위한 공원입니다"라고 외치며 가두행진을 펼쳤다.

그들의 리더였던 샘은 비록 키와 몸집은 작았지만 대단히 과감하고 진지한 청년이었다. 샘은 시 당국자들 앞으로 해명을 요구하는 편지를 보내기로 했고 편지의 내용을 들은 동료들은 열렬한 지지를 보내며 당장 편지를 발송하라고 했다.

샘은 간절한 마음으로 답장을 기다렸다. 그리고 시청 로고가 새겨진 편지가 도착했을 때 두근거리는 마음으로 봉투를 찢었다. 봉투 속에는 샘이 원하던 것이 들어 있었다.

샘이 적어 보낸 편지 위에 시장의 글이 적혀 있었다. "미친 사람이 아니고서야 누가 미친 사람의 말에 신경 쓰겠습니까? - W. J. G."

몇 달 후, 시 당국과 공원관리위원회 그리고 주민들이 타협안에 동의를 했고 소방서 건물은 다른 곳에 세워지게 되었다.

신뢰를 얻은 학부모회

"토니가 이렇게 만들어 놨어요." 화가 나서 씩씩거리는 목소리가 들렸다. 메이슨 부인이 아주 딱한 몰골을 한 채 사무실 문 앞에 서 있었고 화가 난 토니는 평소보다 더 심하게 짜증을 부리고 있었다. 분을 참지 못한 토니가 소금에 절인 양파와 비늘 달린 생선을 마구 집어 던진 모양이었다.

메이슨 부인은 한 바탕 소동을 치른 듯한 모습을 하고 있었다. 양파 껍질과 생선 비늘이 그녀의 깔끔한 옷을 뒤덮고 있었고 그녀의 몸에서는 양념 냄새가 진동을 하고 있었다.

"토니가 이렇게 만들어 놨어요. 혼 좀 내주세요. 그 녀석은 정말 골칫덩어리예요. 조금 전에 그 망할 녀석이 갑자기 제 얼굴에 장난감 총을 들이대더니 '돈을 내놓지 않으면 죽여 버릴 거야!'라고 소리치지 않겠어요? 전 단단히 혼을 내 주려고 했어요. 그런데 캔디를 훔쳐 달아나던 토니가 스탠드를 쓰러뜨리고 말았어요. 전 하마터면 넘어질 뻔했고 토니는 그 틈을 타 달아나 버렸어요. 전 끝까지 쫓아갔어요. 그리고 레이첼 네 생선 가게에서 이 꼴이 되고 말았어요. 토니 부모님은 신경도 안 쓰는 것 같아요. 망할 녀석, 어디 잡히기만 해 봐라! 영화에서 본 나쁜 짓이나 따라 하고 말이야. 선생님, 그런 애들에게는 예절 교육이 필요합니다. 요즘 애들은 어른 공경할 줄을 모른다니까요."

메이슨 부인은 자리에 털썩 주저앉고 말았다. 그리고 미소 띤 얼굴로 이렇게 말했다. "그 영화들을 찾아내야 합니다."

메이슨 부인은 집행위원회 위원이었다. 한번은 그녀가 자기 집 맞은 편에서 상영되는 영화의 밝은 불빛을 몇 시간 동안이나 바라본 적이 있었다. 그때 그녀는 밝은 불빛 아래에서 뛰노는 아이들을 보았고 영화를 보게 해 달라고 구걸하는 아이들을 보았다. 아이들은 보호자 없이 영화를 보고 있었다. 참다 못한 그녀는 이웃들과 상의를 했다. 영화가 아이들의 성격 형성에 나쁜 영향을 미칠 것이라고 판단했기 때문이었다. 그리고 얼마 후, 지역 내 영화관들이 조사를 받기 시작했다. 집행위원회 위원들은 수시로 영화관을 방문했고 위법 사항이 발견될 경우 즉시 학부모회에 통보했다. 학부모회는 영화관 매니저들을 소집했다.

부모님들은 위반 사항이 적발된 영화관들을 돌아다니며 관련 법규를 설명해 주었다. 그리고 매니저들에게는 유해한 영화를 상영하지 말 것, 보호자 없이 아이들을 입장시키지 말 것 그리고 소방 규정을 준수할 것을 강력히 요구했다. 특히 한 아버지는 아홉 살 난 아들과 일곱 살 난 아들이 엄마 지갑에서 돈을 훔쳤다는 사실 그리고 그 돈으로 영화를 봤다는 사실에 크게 분개했다.

부모님들은 유해한 환경을 개선해 줄 것을 요구했다.

회의에 참석한 매니저 한 명이 입을 열었다. "당신들 때문에 내 사업을 망칠 수는 없어. 고발을 하든 말든 마음대로 하라구. 까짓거 벌금 내면 될 거 아냐. 벌금 낼 돈은 얼마든지 있다구."

화가 난 아버지는 매니저를 고발해 버렸다. 그리고 그 매니저에게는 오십 달러의 벌금이 부과되었다.

일주일 후에 두 번째 벌금이 부과되었고 그 영화관은 두 주 만에 문을 닫고 말았다. 법규를 위반한 사실이 관보에 게재되어 사람들이 더 이상 그 영화관을 찾지 않았기 때문이었다.

우리의 요구 사항이 받아들여지기 시작했다. 매니저들이 찾아와 자기네 영화관과 영화에 문제가 없는지 살펴보고 개선할 사항이 있으면 알려 달라고 했다.

학부모회가 사람들의 신뢰를 얻고 있었다.

5장

지역 주민들이 아이디어의 보고寶庫다

새로운 실험 공간-주민 회관

아이들에게 필요했던 것은 리더십과 방향성이었다.

우리 가족이 뉴욕으로 이주해 왔을 때 나는 드넓은 벌판, 잔디, 나무, 꽃, 양, 개울 그리고 산허리에 있던 어두컴컴한 성城과의 관계를 잃어버리고 말았다.

그것들을 대신한 것은 공동주택과 어두운 계단, 거리의 트럭과 포장도로, 공터와 쓰레기 더미였다. 자연과의 친밀한 관계는 더 이상 기대할 수 없었다.

드넓은 벌판과 햇빛, 친구와 옛날이야기 대신 이 혼잡한 도시가 내 삶 속으로 들어왔다. 그 변화가 얼마나 큰 것이었는지는 말로 다 표현할 수 없을 것이다. 그럼에도 불구하고 도시는 너무나도 훌륭한 삶의 터전이었다.

외톨이가 된 아이들은 길거리를 배회하며 이것저것 시도해 보다가 결국 실패의 쓴 맛을 보고 말았고 자기 아버지의 꿈을 실현하는 행운은 극소수의 아이들만이 누릴 수 있었다.

나는 큰 아이들이 하는 행동을 따라 하며 다른 아이들과 함께 거리를 배회했다. 혼자 할 수 있는 일을 찾기엔 너무 어린 나이였기 때문에 우리는 포장도로와 공터가 제공하는 혜택을 누릴 수 있을 때까지 경험 많은 아이들의 흉내를 내고 다녔다.

동전 놀이를 하고 있으면 큰 아이들이 뺏어 갔다. 큰 아이들이 욕을 하면 우리도 욕을 했고 큰 아이들이 담배를 피우면 우리도 담배를 피웠다. 큰 아이들이 칭찬해 주면 물건을 훔쳤고 큰 아이들이 시키면 싸움을 했다.

길거리와 길거리를 장악한 남자 아이들이 우리를 지배하고 있었다. 부모님들은 틈만 나면 야단을 쳤고 우리는 거짓말 하는 법과 싸우는 법을 배웠다.

학교라는 말은 한 적도 없었고 또 들은 적도 없었다. 학교는 우리의 삶과 무관했고 우리는 사느라 정신이 없었다.

좀 더 나이가 들자 우리들만의 작은 클럽이 결성되었다. 이제 우리는 누구의 간섭도 받지 않고 자유롭게 모임을 가질 수 있었다. 지하 창고에 극장을 만들었고 못 쓰는 널빤지로 의자를 만들었다. 버려진 매트와 카펫을 주워 왔고 담벼락에 붙은 영화 포스터를 떼다가 극장 벽에 붙였다. 우리의 연극적 본능을 충족시키기 위해서는 리더십과 깨끗한 장소가 필요했다.

버려진 건물의 지하실 벽은 우리의 놀이터였다. 우리는 학교에 다니지 않았다. 그래서 '혼날지도 모르니 집에 가야 해'라는 생각이 들 때까지 마음 놓고 놀았다. 하지만 그것은 결코 바람직한 것이 아니었다. 우리의 놀이 본능을 충족시키기 위해서는 리더십과 열린 공간이 필요했다.

이십오 년 전 지하 창고가 있던 자리, 그 자리는 이제 아파트 단지가 차지하고 있었고 그 주위에는 상점, 술집, 공장이 들어서 있었다.

우리가 수업을 빼먹고 농땡이를 부리던 곳에서 범죄가 끊이지 않았다. 물론 이십오 년 전에도 좋지 않은 장소였지만 과거와 달리 공격적이고 억압적인 환경과 싸워야 하는 오늘날의 아이들에게는 더더욱 좋지 않은 장소였다. "좋은 남자와 좋은 여자가 될 자질이 있는 아이들은 좋은 남자와 좋은 여자가 되고 나쁜 남자와 나쁜 여자가 될 자질이 있는 아이들은 나쁜 남자와 나쁜 여자가 된다"라는 말이 있다. 하지만 내가 경험한 바로는 그렇지 않다. 나는 더없이 훌륭한 아이들, 아무 잘못도 없는 아이들이 나쁜 길로 빠지는 경우를 많이 보았다. 학교가 그들을 내몰았고 가정 또한 무엇을 해야 할지 몰랐던 것이다.

우리가 어렸을 때 우리에게 필요했던 것은 과연 무엇이었을까? 그건 아마도 우리에게 길을 가리켜 보이는 사람, 우리를 이해해 주는 사람 그리고 우리를 소중히 여기는 사람이었을 것이다.

우리가 아이였을 때 필요로 했던 것을 지금의 아이들도 똑같이 필요로 하고 있었다.

자신의 꿈을 이루려는 아이들에게 언제 위험한 상황이 닥칠지 아무도 장담할 수 없었다. 그래서 우리는 우리의 본분을 다함과 동시에 아이들을 키우는 부모들에게 책임감을 심어 주고 싶었다. 아이들에게는 자기보다 나이 많은 사람들이 필요했지만 우리에게는 그런 젊은이들을 모을 수 있는 기회가 많지 않았다. 우리가 가진 것은 학교뿐이었다. 게다가 그 학교는 하루 여덟 시간씩 정해진 교과 내용을 가르치며 스스로의 가치를 상실해 가는 기계 같은 학교였다.

어느 날 오후였다. 사무실을 막 나오려는데 아이들 몇 명이 할 얘기가 있다며 문 앞에서 기다리고 있었다. 아이들 중 대표 격으로 보이는 한 명은 교내 연극 무대에서 본 적이 있는 아이였다.

"선생님!" 대표 격으로 보이는 아이가 말을 꺼냈다. "연극 동아리 이제 안 한다면서요?"

"응 그래." 내가 말했다. "정말 미안하구나."

"그럼 저희는 뭘 해야 하죠?" 걱정 가득한 작은 얼굴들이 내게로 가까이 다가왔다. "저흰 갈 곳이 없어요. 포기할 수 없단 말이에요." 아이가 간청을 했다.

"얘들아, 뭘 어떻게 해 줘야 할지 모르겠구나. 학생 수가 너무 많아서 교실 하나를 두 학급이 교대로 쓰고 있어. 그래서 너희들이 쓸 수 있는 빈 교실이 없는 거야. 내가 방법을 찾아보마."

"예전처럼 방과후에 하면 안 될까요?"

"그건 안 될 거야. 네 시 반 이후에 교실을 사용하면 선생님들이 너무 힘들어하시지 않겠니? 새 학교가 문을 열면 교실이 더 많아질 테니 그때 가서 다시 시작하렴."

결국 학교는 통상적인 활동에 자신의 역할을 국한시킨 채 사람들의 생활로부터 멀어지고 있었다. 어떻게 하면 서로 가까워질 수 있을까? 어떻게 하면 학교가 사람들의 일부가 되고 어떻게 하면 사람들이 학교의 일부가 될 수 있을까?

내가 아는 여자 한 분은 사람들로 붐비는 거리에서부터 시작했다. 아이들이 집 밖으로 돌아다니고 말다툼을 하며 거리를 가득 메우는 봄에 시작한 것이다.

그녀는 매일 오후 똑같은 시간에 거리로 나왔다. 그녀는 동생들을 돌보며 엄마 역할을 하는 여자 아이들을 돕는 일부터 시작했다. 어떤 아이들에게는 책을 빌려 주었고 또 어떤 아이들에게는 이야기를 들려주었다.

어느덧 여름이 되었고 어느덧 가을이 되었다. 개학과 함께 학교를 다시 찾은 아이들은 예전과 달라져 있었다. 방학이었음에도 불구하고 아이들은 더 좋은 아이들, 더 깨끗한 아이들 그리고 덜 이기적인 아이들이 되어 돌아왔다.

날씨가 추워졌다. 머지않아 거리에서의 모임을 중단해야 한다는 것은 불을 보듯 뻔한 일이었다.

돈을 가진 사람이 아무도 없었다. 하지만 그 블록에는 아무도 살지 않는 낡은 집이 한 채 있었다. '거리의 숙녀'는 그 집 주인에게 공짜로 집을 사용하게 해 달라고 부탁했다. 그 집은 가구와 전등이 없는 집이었고 심지어 난방도 되지 않는 집이었다. 하지만 그들은 시작했다. 아이들이 매트 조각과 헌 카펫, 등받이 없는 의자와 바닥 없는 의자 등 고쳐 쓸 수 있는 것들을 주워 왔고 신문이나 잡지에 인쇄된 그림, 광고 전단, 사진 등을 적당한 크기로 잘라 벽에 붙였다.

남자 아이들과 여자 아이들이 함께 일하고, 함께 계획하고, 함께 지내고, 함께 자랄 수 있는 그런 공간을 우리가 만들 수 있을까?

아이들에게 '원할 때 찾아 갈 수 있는 그들만의 집'이 있다는 것은 좋은 일이라는 생각이 들었다. 학교와 달리 누군가 반갑게 맞이하는 사람이 있는 집, 편히 쉴 수 있는 평범한 의자가 있는 집, 사람 사는 즐거움을 맛볼 수 있는 집, 그날그날 있었던 일에 대해 즐겁게 이야기할 수 있는 집 그리고 보통 사람이 보통 생활 방식으로 살아 가는 집을 갖는 것은 좋은 일이라는 생각이 들었다.

어른들에 대한 우리의 개인적 관심은 언제나 이차적인 것이었다. 그들을 무시해서는 어떤 결과도 얻을 수 없었기에 우리는 그들과 협력할 수밖에 없었다. 하지만 우리의 일차적 관심은 언제나 아이들에게 있었다. 우리가 추구하는 것은 아이들을 위한 완전한 삶이었다.

부모님들이 가장 좋아하는 모임 장소는 학교가 아니라 홀이었다. 가게 뒤편에 붙어 있는 홀은 아무 때나 가도 상관없는 장소였고 또 갑작스럽게 회의가 소집되어도 얼마든지 회의 준비를 할 수 있는 장소였다.

홀은 연례 만찬회 장소로도 쓰였다. 어머니들은 음식을 준비해 왔고 주민들은 의자를 빌려 주었다.

이러한 환경에서 함께 작업하고 함께 모인다는 것은 아주 훌륭한 기풍이었다. 사람들은 단결했고 더 큰 일도 해낼 수 있다는 믿음을 갖게 되었다. 자기 자신을 희생하고 산다면 다음날 어떤 변화가 생길까? 사람들은 아이디어를 짜냈고 많은 아이디어들이 쏟아져 나왔다.

많은 회의가 홀에서 개최되었다. 우리는 다시 한번 주민 회관의 필요성을 놓고 토론을 벌였다. 우리에게는 사람들의 문제, 아이들의 문제를 책임질 지도자들이 필요했고 지도자들을 모을 수 있는 유일한 방법은 주민 회관을 설립하는 것뿐이었다.

친구들의 후원에 힘입어 주민 회관이 문을 열게 되었다. 주민 회관으로 쓸 건물은 '그늘 짓는 나무들'이 있는 큰 초지 위의 연립주택이었다.

그러던 어느 날, 나는 나의 아버지를 떠올리게 되었다. 전에도 아버지는 학교 이곳저곳을 둘러보며 한두 시간쯤 머물다가는 미소를 띤 채 집으로 돌아가곤 하셨다.

할 일을 찾은 아버지는 간이 침대를 갖다 놓고 식사까지 가져오게 하는 등 아예 주민 회관에 살림을 차릴 기세였다. 아버지에게 주민 회관은 '아이들을 위한 장소'였다. 아버지가 나타나자 아이들이 그 주위로 모여들었다. 천천히 그리고 온화하게 미소 짓는 아버지는 점점 더 많은 이야기를 아이들에게 들려주었다. 아버지는 서툰 영어에 몸짓까지 섞어 가며 이야기했지만 아이들은 모두 알아듣는 것 같았다. 십자군 행진이 다시 시작되었고 도깨비가 회관 여기저기에 다시 나타나기 시작했다. 아버지는 다시 한 번 말 탄 군인으로 활약하셨고 아이들은 마냥 즐거워했다.

아이들 중에는 밤에 아버지를 찾아와 함께 잠을 자는 아이도 있었고 또 목발을 짚은 한 아이는 꾸준하게 아버지를 찾아와 회관 이곳저곳을 함께 걸어 다녔다. 두 사람은 오랫동안 이야기를 나누었고 아주 가까워진 것 같았다.

어느 여름날, 날카로운 목소리가 이른 아침의 고요를 깨뜨렸다. "심하네요. 수프에 들어가는 고기 부스러기가 22센트라니요. 가난한 사람은 어떻게 살란 말이에요?" 루스의 목소리였다. 사람들이 모여들기 시작했다.

"맞아요, 맞아, 그 말이 맞아요" 사람들이 웅성거렸다. "닭고기는 어떻고요! 온통 모래투성이인데 32센트나 하잖아요. 살인자들, 우릴 굶겨 죽이겠다는 거야 뭐야!"

사람들이 흥분하기 시작했다. 한 교사가 루스 곁으로 다가가려고 애를 썼다.

루스는 사람들과 함께 이디시에게로 쳐들어갔다.

루스는 분명하게 알아들을 수 있는 영어로 외쳤다. "갑시다. 가서 창문을 깨부숴 버립시다. 이런 빌어먹을 놈들 같으니."

깜짝 놀란 교사가 루스에게 다가갔다. 루스는 미소를 지으며 말했다. "아, 여기 선생님이 오셨습니다. 학교가 우리를 도와 줄 겁니다." 그녀가 말했다.

"여러분의 친구들을 주민 회관으로 데리고 오세요. 주민 회관에서 이 문제에 대해 논의하겠습니다."

'학교'와 루스를 앞장세운 사람들이 회관을 향해 행진했고, 쇠고기 사태에 관한 첫 회의가 열렸다.

시간이 흐를수록 놀이 공간의 필요성은 커져만 갔다.

학교 맞은 편 공원은 우리의 임시 여름 운동장이었다. 하지만 이제는 그것마저도 힘들게 되었다. 학교와 학생 그리고 교직원들은 실망하지 않을 수 없었다. 주민 회관과 학교는 상설 운동장을 확보할 때가 되었다고 판단했다. 주민회관에서 회의가 소집되었고 시 간부들이 참석했다. 학교 앞에 운동장을 만들어 줄 것을 요구했다. 우리는 '아이들의 놀이를 지도할 줄 아는 교사'에 의해 관리되는 운동장을 원했다.

우리가 익숙해져 있던 운동장은, 잿더미를 파헤치고, 진흙 구덩이에서 더러운 물을 퍼내고, 싸움을 하고, 행상인의 보따리를 밀치고, 야구놀이를 하고, 큰 아이들이 작은 아이들을 괴롭히는, 전혀 통제되지 않은 운동장이었다. 우리는 통제되고 관리되는 운동장을 원했다. 다양한 그룹의 활동이 하나의 원칙에 의해 통제되고, 완력이 아닌 스포츠 정신이 깃들어 있는 운동장을 원했다.

학교가 두 차례나 시도를 했지만 결과는 실패였다. 두 번째 시도에서는 부분적으로만 성공을 거두었다. 이번에는 주민 회관과 공원 관리위원장이 손을 맞잡고 아이들을 위한 상설 운동장을 확보하는데 성공했다.

우리는 마침내 아이들이 마음 놓고 놀 수 있는 운동장, 소리치고, 경쟁하고, 승리하고, 패배하고, 심호흡하고, 햇빛을 쬐고, 바람을 마실 수 있는 운동장을 얻었다.

주민 회관은, 언어 장벽이 부모와 아이들을 갈라놓는 요인 중 하나라고 판단하고 어머니들에게 영어를 가르치기 시작했다. 매일 아침 한 무리의 어머니들이 동아리 방으로 모였다. 놀이방에서 아기들을 맡아 주었기 때문에 어머니들은 영어 공부에 전념할 수 있었다.

언젠가는 학교가, 영어로 말하는 아이들과 영어를 모르는 부모님들을 이어주는 다리 역할을 하게 될 것이다.

매달 만 명 이상의 아이들과 어른들이 주민회관을 들락거렸다. 음악, 미술, 재봉, 시민 클럽, 육상 클럽, 도서관 클럽 등 모든 동아리들이 거기에 모여 있었다. 마이클과 그의 어머니가 거기에 있었고 플래니건과 그 패거리도 거기에 있었다. 우리는 주민 회관을 권력으로 보지 않았다. 우리에게 주민 회관은 봉사의 정신이 깃든 살아 있는 원동력이었다. 이제 주민 회관은 관습으로부터 벗어나 새로운 것을 발견하는 곳, 연습하고, 다시 시작하고, 오랫동안 멈추지 않는 '주민들의 사회적 실험장'으로 여겨졌다. 주민 회관 스스로가 새로운 기회의 위대함을 자랑스럽게 여겼기에 우리는 그들이 항상 열린 자세를 가질 것이라고 확신했다. 주민 회관을 통해 사람들이 서로에게 더욱 가까이 다가갈 것이고 그러므로써 주민 이상주의가 결실을 맺게 될 것이다. 주민 회관은 우리에게 희망을 주었다. 언젠가는 학교도 예전보다 더 큰 역할을 할 수 있을 것이라는 희망을.

의사들의 자원봉사

봄이 왔다. 많은 신입생들이 새로 들어왔지만 어차피 그들은 겨울이 오기 전까지만 머물다 갈 아이들이었다.

"어차피 옮겨 갈 아이들입니다." 부동산 업자인 내 친구가 말했다. "예전보다 좋아진 건 사실이지만 그래도 옮겨 다니는 건 여전해요. 예전만큼 옮겨 다니지 않는 게 그나마 다행이죠. 내가 맡고 있는 52개 아파트 중에서 28개가 시월부터 오월까지 완전히 비어 있어요. 사람들은 첫 달 월세를 안 내고 싶어 해요. 그리고 마지막 달 월세 내는 건 까맣게 잊어버리죠. 이제 그만들 좀 옮겨 다녔으면 좋겠어요."

"우리도 마찬가지입니다. 학생 수가 들쭉날쭉, 변동이 심합니다. 심지어 전학생 수가 재학생 수보다 많을 때도 있습니다."

"곧 괜찮아 질 겁니다." 그가 말했다. "그들은 혼잡한 동부 지역에서 넘어오고 있어요. 여름에 맑은 공기를 찾아 이곳으로 왔다가 가을이 되면 겨울을 날 수 있는 곳으로 돌아가는 습성이 있습니다. 아시다시피 이곳에는 두 개의 공원과 많은 공터들이 있습니다. 그들은 지방으로 갈 형편이 안 되기 때문에 이쪽으로 오는 거예요. 게다가 그들 대부분은 병을 앓고 있어요. 아침에 공원을 지나다닐 때 벤치에 앉아 있는 남자와 여자들을 잘 살펴보세요. 그들 중 몇 명은 결핵 환자입니다. 신선한 공기를 필요로 하는 사람들이죠."

학교는 동네 의사들을 바쁘게 만들었다. 보건 당국의 업무 처리를 못마땅하게 여겼던 우리는 의사로 일하는 친구들을 신경과 의사, 안과 의사 등 여러 그룹으로 나누기 시작했다. 그리고 비정상적인 아이들과 허약한 아이들을 위한 학급과 특수 장애, 다리 장애, 언어 장애, 척추 장애, 시력 장애를 가진 아이들을 위한 학급의 수가 늘어났다.

하지만 우리가 어떻게 그 일을 처리할 수 있겠는가? 우리는 의사가 아니었다. 우리는 교사 훈련을 받은 사람들이었다. 3R교육에 필요한 시간과 에너지를 오히려 아이들을 쉬게 하는 데 쓰고, 잠을 자게 하는 데 쓰고, 특별한 체육 활동을 하게 하는 데 써야 하지 않겠는가? 아이들을 제대로 성장시키는 것에 관한 모든 일은 교사들과 관계가 있다. 몸이 불편한 아이를 가르칠 수 있는 사람은 없다. 그럴 수는 없다. 건물, 설비, 교과서, 교사 등 모든 것이 그 아이를 위해 소모되어야 하기 때문이다. 아픈 몸에는 건전한 정신이 깃들기 어렵다.

동네 의사들은 무상 진료를 해 주었다. 그리고 학교가 자신들을 필요로 한다는 사실에 크게 기뻐했다. 의사들이 기여하는 바는 실로 큰 것이었다. 부탁만 하면 아무 때나 봉사를 해 주었기 때문에 오히려 부모님들보다 우선시되는 경향이 있었다. 학교 부근에는 아이들을 진료해 줄 수 있는 병원이 없었다. 그래서 가벼운 증상을 보이는 아이들은 의사의 진료도 받지 못한 채 집으로 돌아가야 하는 경우가 많았다.

비정상적인 아이들을 검사하고 보살피는 일은 언제나 어려운 일이었다. 왜냐하면 도움을 줄 수 있는 관계 기관이 집으로부터 먼 곳에 위치해 있었고 또 교사들은 교사들대로 평일 오후 시간과 토요일을 아이들 돌보는 일에 고스란히 바쳐야 했기 때문이다.

그룹별로 활동하는 의사들과 그 보조자들을 보면서 나는 마치 학교 병원이라도 설립된 듯한 느낌을 받았다. 이제 남은 것은 우리의 활동을 구체적으로 조직화하는 일이었다. 우리는 주정부 당국으로부터 허가를 받은 다음 정식으로 진료 업무를 시작했다.

진료 업무를 시작하고 얼마쯤 지났을 때 러시아계 유태인 한 분이 나를 찾아왔다. 그는 잠시 망설이는가 싶더니 이내 결심을 한 듯 미소를 지으며 말을 꺼냈다.

"병원을 세우신다고 들었습니다." 그가 말했다. "전 의사입니다. 제가 돕고 싶습니다."

내가 "이사회에 신청해야 합니다"라고 말하려 했지만 그는 금방 말을 이었다.

"저와 제 아내는 러시아의 작은 마을에서 환자들을 돌보며 살았습니다. 유태인 환자는 물론 이교도 환자들까지 받았고 또 환자들을 위해서라면 밤낮없이 일을 했습니다. 물론 환자들이 돈을 내면 좋았겠지만 뭐

돈을 내지 않아도 나쁘지는 않았습니다. 그런데 전혀 예상치 못한 문제가 생기고 말았습니다. 그들이 우리를 죽이려고 집으로 쳐들어온 겁니다. 이거야 원, 우리가 돌봐 준 환자들이 우리를 죽이려고 했단 말입니다. 저는 제 아내를 지하실로 피신시킨 다음 그들과 격투를 벌였습니다. 이것 보세요. 팔에 상처가 있죠? 러시아에서 얻은 상처입니다. 그 일이 있은 후 우리는 프랑스로 떠났습니다. 그리고 지금은 미국에 와 있구요. 미국은 우리에게 살 집과 일자리를 마련해 주었습니다. 그러니 그 동안 신세 진 것을 조금이나마 갚아야 하지 않겠습니까? 아픈 아이들을 치료해 주고 싶습니다. 그리고 러시아에서 절름발이 아이들을 많이 치료해 봤습니다. 그런 아이가 있으면 만나게 해 주세요. 영어로 표현하자면 전 물리치료 의사라고 할 수 있습니다."

우리는 그가 치료를 할 수 있도록 주선해 주었다. 그가 보여준 열정과 에너지는 가히 놀라운 것이었다.

하루는 내가 진료실 앞을 지나가고 있는데 갑자기 그가 방문을 열고 나와 내 팔을 붙잡았다. 그의 얼굴은 거룩해 보였고 그의 눈은 나를 빨아들일 것처럼 반짝이고 있었다.

"보세요. 아이가 걷고 있습니다. 그 작은 꼬마가 다시 걷고 있단 말입니다. 제가 해냈어요. 마치 예수 그리스도처럼 말입니다. 제가 그를 걷게 했어요. 그 작은 꼬마를. 저는 너무 행복합니다."

교사校舍 신축 공사

내가 '나의 학교'에 온 지 삼 년이 되었을 때 다른 학교가 개교를 했다. 그러나 우리 학교는 여전히 붐비고 있었다. 우리는 추가로 교실을 요청했다. 학급은 수도 많아졌고 규모도 커졌다. 하지만 근본적인 대책이 없었다. 언제나 다음에 해 주겠다는 말뿐이었다. 학교 시설을 늘리기 위한 회의와 공청회가 열렸고 수많은 청원이 이루어졌으며 심지어 가건물까지 임대했다. 그러나 그것만으로는 별 도움이 되지 않았다. 인구 이동이 특정한 방향으로 진행되는 경우에는 도움이 되지 않았다. 적어도 통상적인 지원만으로는 별 효과가 없었다.

학부모회 회장이 교회 분과를 맡았고 부동산업자의 도움으로 학군 북쪽 끝에 있는 부지가 확보되어 마침내 건설 공사가 시작되었고 교회에 소속된 사람들이 자금을 댔다.

"저와 함께 건설 계획을 검토해주시기 바랍니다."

어느 날 서류 뭉치를 들고 온 그가 내게 말했다.

"교실 열여섯 개와 사백 명을 수용할 수 있는 강당이 있습니다. 이제 학부모회 회의를 진행할 때 더 이상 무릎에 쥐가 나는 일도 없을 것이고 또 몸을 움츠리고 있을 필요도 없을 겁니다. 연극 공연을 할 수 있는 훌륭한 무대도 있습니다. 지하에는 큰 체육관이 들어설 예정이고 아이들은 수영장도 사용할 수 있을 겁니다. 실내 수영장에는 대리석을 깔 계획이고 물도 여과된 물을 사용할 겁니다. 옥상에는 운동장을 만들 계획입니다. 도서관은 길 건너편에 있습니다. 아주 훌륭한 건물이 될 것 같습니다. 교장선생님께서 학교에 꼭 필요하다고 말씀하신 것들을 모두 집어넣으려고 노력하고 있습니다. 매점도 있고 음악실도 있습니다. 이 건물은 2년 후 완공 예정입니다.

가정방문 교사 마가렛 아주머니

비대해진 학교는 가정방문 교사의 필요성도 느끼고 있었다. 세상 물정에 밝은 방문 담당 교사가 이웃의 문제를 파악해서 가장 효과적으로 처리할 필요가 있었던 것이다. 〈헨리 간호사 회관〉이 우리 학군 내에 지점을 만들었는데 가끔 교사들이 가정 방문을 할 때 우연히 그 간호사들을 만나는 경우가 있었다. 교사는 아이들이 어떻게 생활하는지 보러 갔고 간호사는 아픈 엄마를 보살피러 갔다. 많은 경우에 교사와 간호사들은 함께 일을 했다. 교사들이 너무 힘들다며 고충을 털어놓자 간호사 한 명이 '사람들과 부대끼면서 많은 경험을 쌓아 온 사람'이라며 한 여자 분을 추천해 주었다.

그래서 '마가렛 아주머니'가 우리에게 오게 되었다. 우리는 그녀의 급여를 마련하기 위해 모금을 했다. 모금에 참여한 사람들은 다름아닌, 그녀와 함께 일하고 그녀로부터 도움을 받아야 할 사람들이었다.

마가렛 아주머니의 부서는 아주 단순한 구조를 지니고 있었다. 신발을 담는 작은 상자와 검정색 가방 그리고 마가렛 아주머니, 이것이 눈에 보이는 구조의 전부였다. 검정색 가방 안에는 그날 처리해야 할 일에 관한 기록과 아동 복지를 담당하는 기관의 명부, 주소, 전화번호, 도로 지도, 공책 한 권, 연필 한 자루, 손수건, 동전 지갑, 아이들에게 줄 초콜릿 등이 들어 있었다. 모든 것이 지극히 단순하고 인간적이며 효율적이었다.

마가렛 아주머니가 출근한 첫날, 교사 한 명이 침울한 표정을 하고 사무실로 들어왔다. 그 교사는 "제가 한 아이의 집을 방문했는데 그 어머니가 저를 내쫓아 버렸습니다"라고 말했다. 그 아이의 가족은 지하실에 살고 있었다. 교사는 노크를 하고 들어갔다. 그 어머니는 아무 말 없이 교사를 맞이했다. 어머니의 옷차림은 볼품이 없었고 방들의 상태는 거의 절망적이었다. 그 어느 것도 깨끗해 보이지 않았다. 교사는 어머니에게 "아이를 좀 씻겨야 할 것 같습니다. 옷도 필요하구요. 깔끔한 모습으로 학교에 올 수 있도록 신경 좀 써 주세요"라고 말했다. 그러자 그 어머니가 트집 잡으려고 왔느냐면서 비난을 퍼붓기 시작했다.

"이렇게 찾아와서 제 아이에 대해 말할 권리가 있나요? 당신들 일에나 신경 쓰세요. 공부나 잘 가르칠 것이지 무슨 옷 얘기를 꺼내고 그러세요? 모피 옷에 깃털 달린 모자를 쓰고 다니는 분이 제게 어떤 문제가 있는지 알기나 하겠어요? 어서 나가세요." 아이 어머니가 날카롭게 쏘아붙였다.

그리고 그 교사는 학교로 돌아왔다. 가정방문과 가정방문을 지시하는 상사 그리고 가정방문을 장려하는 학교에 대해 장황한 불만을 늘어 놓기 위해서였다.

결국 그 일은 마가렛 아주머니가 맡게 되었다.

"오늘 아침에는 몸이 좀 어떠세요? 몸이 안 좋으신 것 같다고 해서 이렇게 들렀습니다. 아이는 좀 어때요?" 마가렛 아주머니가 물었다. "귀찮다고 생각하지 마시고 이쪽으로 좀 앉으세요. 제 의자도 하나 가져올게요."

그 어머니는 자신이 가장 편한 의자에 앉아 있고 또 '마가렛 아주머니' 가 자신을 시중들고 있다는 사실을 깨달았다.

"사실은 제 어머니께서 오랫동안 아프시다가 돌아가셨거든요. 그래 서 어떻게 하면 어머니를 좀 더 편안하게 모실 수 있을까 하고 많은 생 각을 한 적이 있었어요. 어머니께서는 제가 어머니의 머리를 빗겨 드리 면 아주 좋아하셨어요." 마가렛 아주머니가 싹싹하게 말을 걸었다. 마 가렛 아주머니의 두 손은 벌써 그 어머니의 머리핀을 만지작거리고 있 었고 머리를 빗겨 주는 동안 두 사람은 속사정을 털어 놓는 사이가 되었 다.

"학교에서 오신 거예요?"

"예. 저도 학교에 소속되어 있어요. 담임선생님은 어머님께서 많이 편찮으시다고 하던데요." 마가렛 아주머니가 말했다.

"아유, 그 풋내기 선생 얘기는 하지도 마세요! 어제 여기 와서는 제 아 이가 너무 지저분하다는 둥 창피한 줄 알아야 한다는 둥 별 소리를 다

하더군요. 아이고, 하나님! 나는 손발이 쑤셔서 움직일 수도 없고 또 미친 사람처럼 머리도 풀어헤치고 있어야 한단 말이에요."

"담임선생은 그걸 몰랐나 봐요." 방문 교사가 말을 가로막았다.

"물론 몰랐겠죠. 그런데 왜 우리 애한테 지저분하다고 해요? 자기는 뭐 평생 아프지도 않을 거고 또 애도 안 가질 거랍니까? 뾰족 구두에 파우더나 처바르고 다니는 귀부인은 여기 올 필요가 없어요. 오기만 와 봐, 당장 문밖으로 쫓아 버릴 테니까!"

"의사는 만나 보셨어요?" 마가렛 아주머니가 물었다.

"예, 한 번 만나 봤는데 그 의사는 '아주머니께서는 병원으로 가셔야 합니다. 아마 백 달러쯤 들 거예요'라고 말했어요. 하지만 제가 어떻게 병원에 갈 수 있겠어요? 병원에 가면 제 아이는 어떻게 하라구요? 아마 사회 단체에서 데려가 버릴 걸요? 남편도 나를 버릴 거구요."

"제가 아는 의사 한 분이 이쪽으로 와서 진료를 해 주실 거예요. 그분도 저처럼 학교에 소속되어 있으니까 무료 진료를 해 줄 겁니다."

마가렛 아주머니는 능숙한 솜씨로 마지막 남은 머리핀을 꽂아 넣었다.

"공짜가 어디 있어요? 물론 처음에는 공짜라고 하겠죠. 하지만 결국에는 많은 돈을 요구할 거예요." 어머니는 미심쩍은 눈치였다.

"아니, 그렇지 않아요. 그 분은 그런 사람이 아니에요. 조만간 의사와 함께 다시 찾아 뵐게요."

의사가 와서 '상처'가 매우 좋지 않다고 말했다.

"간호사가 매일 와서 상처를 치료해야 할 것 같습니다. 그리고 반드시 병원에 입원하셔야 합니다." 의사가 방문 교사에게 어머니의 상태에 대해 설명을 했다.

어머니는 울며 소리쳤다. "안 돼요, 안 돼! 내가 병원에 가면 애는 어쩌라구요! 죽을지도 모른단 말이에요. 그냥 집에 있겠어요."

마가렛 아주머니는 간호사 회관에 도움을 요청했고, 환자가 치료될 때까지 푸른 색 가운을 입은 간호사 한 명이 매일 방문했다.

그러는 사이에 한 여자 아이가 병에 걸리고 말았다. 우리가 할 수 있는 일은 없었다. 무관심과 가난이 그 아이를 병마에 시달리게 했고 결국 그 아이는 폐렴으로 죽고 말았다. 마가렛 아주머니는 처음부터 끝까지 그 아이를 도왔다.

몇 주 후, 아이 어머니가 학교에 왔다.

"작별 인사를 하러 왔습니다." 그녀가 말했다. "남편과 함께 시골로 내려갈까 합니다. 그래서 선생님들께 작별 인사를 드리러 왔습니다. 그 동안 너무 잘 해 주셨어요. 감사합니다. 나중에 기회 되면 다시 들르겠습니다. 건강하시고요."

마가렛 아주머니는 아이들에 관한 일을 아주 잘 알고 있었기 때문에 그녀에게 필요한 것은 몇 마디 설명이 전부였다.

아이들이 지저분하다 싶으면 어떻게 해서든 깨끗하게 만들었고 아이들이 배가 고플 것 같다 싶으면 먹을 것을 구해다 주었다. 아이들이 청소년 법정에 서게 되면 마가렛 아주머니는 아이들을 변호하기 위해 항상 그 옆자리를 지켰고 아이의 아버지가 일자리를 잃으면 일자리를 알아봐 주었다.

4학년에서 가장 똑똑한 아이들 중 하나인 피터가 비둘기 몇 마리를 훔쳤다. 화가 난 주인이 피터를 법정에 서게 했다.

피터 아버지와 마가렛 아주머니가 피터와 함께 법원에 출두했다.

"훔친 게 아니에요." 피터가 판사의 눈을 똑바로 쳐다보며 말했다. "그냥 데려온 것뿐이라구요." 마가렛 아주머니는 숨을 죽였고 아버지는 피터를 향해 필사적인 몸짓을 했다.

"그런데 그 비둘기들은 네 것이 아니잖아. 너는 어떻게 하는 게 훔치는 거라고 생각하니?"

"제가 어떤 걸 가져왔는데 제게 그럴 권리가 없을 때요."

"정확하구나. 그럼 너는 이 비둘기들에 대해 어떤 권리를 가지고 있니?"

"그 비둘기들이 제 비둘기의 먹이를 뺏어 먹어요. 그래서 제 비둘기는 거의 먹지를 못해요." "피터야, 그게 전부니? 또 하고 싶은 말은?" 판사가 피터의 얼굴을 바라보았다.

"그리고…… 공작비둘기를 갖고 싶었어요."

"그럼 네가 훔친 게 맞아. 네가 훔친 게 맞기 때문에 널 잡아넣을 수밖에 없어."

피터가 고개를 숙였다.

판사가 마가렛 아주머니에게 말했다. "학교에서의 생활은 어떤가요?"

"피터는 나무랄 데 없는 학생입니다. 피터에 대한 나쁜 말은 한번도

들어 본 적이 없습니다. 담임선생님 말로는 공부도 아주 잘한대요. 제 생각에는 피터가 실수를 한 것 같습니다, 판사님. 한 번만 용서해 주시면 저희들이 잘 지도하도록 하겠습니다. 피터는 정말 좋은 아이입니다."

"이번에 널 집으로 돌려보내 주면 앞으로는 절대 '네 것이 아닌 것'을 가져가지 않겠다고 약속할 수 있겠니?" 판사가 물었다.

"그럼요, 판사님. 그렇게 하겠습니다."

"그래요, 좋습니다. 이 아이에 대해 책임을 지시겠습니까?"

판사가 마가렛 아주머니에게 말했다.

"이 아이에 대해 책임을 지시고, 만약 다시 한 번 이런 일이 생긴다면 반드시 이곳으로 데려와야 합니다."

"예, 제가 책임지겠습니다. 이 아이가 다시 여기에 올 일은 없을 겁니다." 마가렛 아주머니가 말했다.

집으로 오는 길에 마가렛 아주머니가 피터의 손을 잡았다.

"이것 보세요, 총각, 훔친 건 훔친 거예요. 너희 집안에는 그런 사람이 없을 거야. 알아듣겠니? 앞으로는 내가 네 비둘기들을 지켜볼 거야. 만약 못 보던 비둘기가 눈에 띄는 날에는 네 비둘기들을 모조리 날려 보내 버릴 거야. 알겠니?"

○ ○ ○

"9,999번지는 학군 내 다른 어떤 집보다도 문제가 많은 집입니다. 지저분한 사람이나 아픈 사람 또는 게으른 사람이 살고 있는 게 분명합니다. 그 집이 아예 사라져 버렸으면 좋겠어요." 교감이 마가렛 아주머니 책상 위에 서류 뭉치를 내려놓으며 말했다. "이 서류들은 하나같이 9,999번지의 누군가를 지목하고 있어요. 도대체 어떤 집인지 정말 알고 싶네요."

마가렛 아주머니는 손을 뻗어 서류 뭉치를 집은 다음 자신의 검정색 가방에 집어넣으며 말했다. "제가 오늘 들러 보고 뭐가 어떻게 되어 있는지 알려 드릴게요."

마가렛 아주머니는 늦은 시간임에도 불구하고 학교에 들렀다. 보고를 하기 위해서였다.

"글쎄요, 문제가 있긴 있는 것 같습니다. 정말 어처구니가 없더라구요. 집을 짓고 난 다음에 한 번이라도 칠을 했는지 의심스러울 정도였습니다. 화재 대피로가 꽉 막혀 있었고 일층 계단도 마치 쓰레기장 같았습니다. 그 집 사람들이 병에 걸리지 않았다는 게 신기할 따름이었습니다. 저는 제가 알고 있는 모든 관계 기관에 도움을 요청했습니다. 집주인은 자기가 늘 하는 일이 페인트칠이고 벽지 바르는 일이라고 했지만 저는 그 말을 믿을 수 없습니다."

"좋아요, 보건 당국과 공동주택 부서가 우리를 위해 무엇을 할 수 있는지 알아봅시다." 마가렛 아주머니는 자신의 소지품을 챙긴 후 집으로 돌아갔다.

"9,999번지는 어때요?" 얼마 후에 교감이 마가렛 아주머니에게 물었다.

"좋아졌어요. 약간 더 깨끗해 졌고 아이들도 더 좋아 보였어요."

잠시 후 방문 교사가 돌아왔다. 그녀는 화가 나 있었다.

"정말 끝도 없네요. 제가 방금 그곳을 청소시키고 왔는데 예전과 달라진 게 하나도 없더라구요. 사실 전 메리 앤에 대해 알아보러 갔는데 복도로 들어서는 순간 악취가 진동을 했어요. 그래서 뒤쪽으로 가 봤죠. 그랬더니 거기엔 지저분한 매트리스와 누더기들이 쌓여 있었고 고양이 냄새가 진동을 하고 있었어요. 저는 곧장 관리인에게 달려갔습니다. 그런데 관리인은 '어떻게 오셨죠? 이곳은 깨끗하게 관리하기 힘들다고 제가 말했을 텐데요. 이건 제 잘못이 아니에요. 제가 사람을 만들 수는 없잖아요. 직접 보세요.'라고 말했어요. '누가 저렇게 해 놓은 거죠?' 제가 다그쳤어요. 그랬더니 관리인이 '제가 어떻게 알겠습니까? 레베카 가족이 그랬을 거라고 짐작은 되네요.'라고 하지 않겠어요? 저는 곧장 위층으로 올라가서 레베카 어머니에게 왜 거기에 그것들을 놔 두었는지 물었어요. 그랬더니 그녀가 '내가 한 게 아니에요. 아이들이 그랬겠죠'라고 말했어요. '왜 아이들에게 그런 일을 시키셨어요?' '내가 시켰다구요? 아이들은 내게 물어 보지도 않았어요. 아마 자기들 고양이를 키우려고 그렇게 했겠죠.' '애들 고양이요?' 제가 고함을 질렀어요. 관리인은 '그래요. 아이들에게는 그럴 권리가 없나요? 보건 당국에서 말하길, 집에서 고양이를 키우면 사람들에게 좋지 않다고 했어요. 그래서 아이들이 계단 아래에 고양이들을 옮겨 놓은 거예요. 나하고는 아무 상관도 없는 일이에요.'라고 하더군요." 마가렛 아주머니가 숨 가쁘게 이야기했다.

"그래서 어떻게 하셨어요?" 교감이 물었다.

"제가 쓰레기 치우는 사람에게 그 물건들을 치우라고 했어요. 이제 그 고양이들을 쫓아 버려야 해요."

그녀는 전화기를 들고 이야기를 시작했다.

"예, 고양이가 많아요. 9,999번지요. 고양이들을 잡았냐고요? 아니요. 잡지 못했어요. 제가 어떻게 잡아요? 수레를 가지고 와서 잡아 주시겠어요? 저도 할 수 있는 만큼 잡을 테니까요."

"이 일에 대해서 어떻게 생각하세요?" 마가렛 아주머니가 수화기를 내려놓으며 말했다. "글쎄, 고양이를 잡았냐고 물어 보는데요."

정신적 성장에 심각한 위협이 될 것 같은 댄스홀과 영화가 있었다. 이런 상황에 대처하기 위해 방문 교사는 매일 밤 학군 내에 머물러 있어야 했다. 방문 교사가 해야 할 일은 어떤 영화들이 상영되는지, 누가 책임자인지, 어떤 식으로 아이들을 끌어 들이고 붙잡아 두는지를 정확히 알아내는 것이었다. 그래야만 그것을 근거로 해서 법이나 복지 단체 그리고 부모들에게 도움을 요청할 수 있었기 때문이다.

'나의' 학교에서 '우리' 학교로

그러나 나는 마가렛 아주머니의 존재 자체가 사람들을 학교로 들어오지 못하게 하고 또 학교를 가정으로 들어가지 못하게 하는 요인이 되고 있다는 생각이 들었다. 집이면 집, 거리면 거리 그녀가 가지 않는 곳은 없었다. 마가렛 아주머니의 역할이 커질수록 사람들은 더 많이 그녀에게 의지하려고 했고, 교사들 역시 학교 밖으로 나가기보다는 그녀에게 의지하려는 경향을 보였다. 나는 의사들과 주민 회관 책임자들 그리고 시민 클럽에 대해서도 똑같은 생각을 가지고 있었다. 효율성의 강조가 혹여 우리가 그토록 얻으려 했던 인간적 요소의 상실로 이어지는 것은 아닌지 심히 걱정스러웠다.

학교는 약속된 시간에만 문을 열고 닫으며, 주위에 철조망으로 담장을 두른 하나의 위압적인 구조물로 홀로 서 있었다. 학생이나 교사 또는 학교 간부가 아닌 다른 사람들의 정신이 학교 안으로 들어오는 경우는 거의 없었다. 학교 앞을 지나다니는 사람들은 학교 안에서 무슨 일이 벌어지고 있는지 궁금했을 것이다. 하지만 그 이상은 아니었다. '학교 건물 참 멋지네!'라는 생각과 함께 그냥 지나쳐 갈 뿐이었다.

나는 사람들에게 가던 길을 멈추라고 했다. 그들이 멈춰섰다. 한두 사람씩 학교 안으로 들어왔다. 우리는 학교가 주민들 속으로 들어갈 수 있도록 개별적인 작업과 집단적인 작업을 동시에 진행했다. '나의 학교'는 '우리 학교'가 되었다. 교사들의 학교가 사람들의 학교가 되었다.

우리는 우리의 걱정이 끝났다고 생각했다. 그리고 그것이 새로운 문제의 시작이라고 생각했다. 한 학교가 직면하고 있는 문제가 다른 많은 학교들에게 일반적인 현상이 되고 있다는 것을 알 수 있었다. 이 도시에 주민 회관, 도서관, 병원, 공원, 자선 단체, 시민 단체를 가지지 않은 학군은 거의 없었다.

정답은 없었다. 도전을 받아들이든지 아니면 또 다시 홀로 서 있든지 둘 중 하나였다. 대중 운동을 시작하고 그 과정을 지켜본 학교는 이제 대중을 다시 모아 그들이 다시 한 번 시작할 수 있게 해야 한다.

6장

우리 학교

방과 후 활동과 식목일

단결된 노력의 힘, 그 힘을 느끼기 위해 부모들을 모으는 과정에서 학교는 더 큰 자유와 학교 문밖 세계에서의 더 밀접한 인간적 접촉을 반영하기 위해 무엇을 하고 있었을까? 별로 한 것이 없다고 스스로 고백해 본다. 교실에서의 수업은 동일한 방식으로 진행되었다. 왜일까?

나는 교사로서 내 자신의 경험을 돌이켜 봤다. 많은 경우 나는 속박당하고 있다는 느낌을 받았던 것 같다. 나는 거대한 기계의 한 부분이었다.

종소리, 행진 그리고 무의미한 서류 더미의 단조로운 반복 속에서 시간이 흘러가고 있었다. "종이 윗부분에 여러분의 반, 이름, 그리고 날짜를 적으세요. 그리고 한 줄을 뗀 다음 1인치 들여쓰기를 하세요. 자 다 했으면 당번이 걷어 오세요. 시간 확인하고 앞으로 나와요" 그렇게 하루가 끝났다.

이런 일을 매일같이 해야만 했다. 밤에 집으로 돌아갈 때면 온몸이 녹초가 되어 있었다. 지적 자유를 제한하는 것만큼 치명적인 속박은 없다.

당시 나에게는 학교에서 가르치는 일이 지적 노예생활로만 여겨졌다.

나는 교사들의 개인적 장점을 찾아 그 장점이 효과를 발휘할 수 있도록 업무 배치를 했다. 교사들이 아이들을 위해 자신의 재능을 발휘할 수 있을 때 비로소 발전이 가능할 것이라고 느꼈기 때문이었다.

'나의 학교'에 필요했던 것은 교사들의 관심이었다. 허약한 아이들의 절반은 한 부류의 교사들에게, 비정상적인 아이들의 절반은 또 다른 부류의 교사들에게 맡겨졌다. 이런 식으로 유급한 학생들, 자세가 불량한 학생들, 징계를 받은 학생들이 각 그룹의 교사들에게 맡겨지게 되었다. 수업 시간에 특수 아동들에게 적용했던 방식을 일반 아동들에게도 적용하기 시작했다. 하지만 이 일은 방과후에 그리고 교사들이 한가한 시간에만 할 수 있었다.

꽃을 좋아하는 아이들은 자연 학습반을 만들었고, 음악을 좋아하는 아이들은 합창단을 만들었다. 문학 그룹에는 학교 신문 편집반과 이야기 동호회가 되었다. 교사들은 개인적 취향과 기호에 따라 그룹으로 나뉘었다. 축제 위원회, 육상반, 댄스반, 자수반, 예술반, 기술교육반이 있었다. 아이들은 자신이 원하는 반을 선택했고, 학교는 다양한 방과후 활동에 만족했다. 하지만 아이들은 방과후 활동을 하기 전에 그날의 정규 수업을 마쳐야만 했다.

어느 날 오후, 나는 학교 건물을 돌아보고 있었다. 내가 교장으로 부임한 뒤 많은 시간이 흘렀다. 나는 강당 앞을 지나고 있었다. 아이들과 교사들이 강당을 가득 메우고 있었다. 몇 명은 예행연습을 하고 있었고 몇 명은 수다를 떨고 있었다. 그리고 그 중에는 깔깔거리며 구경만 하는 아이들도 있었다. 또 다른 방에서는 한 무리의 아이들이 종이 모자를 만들고 있었다.

나는 늦은 시간까지 학교 안을 걸어 다녔다. 흔히 말하는 '교문'은 이미 오래 전에 닫혀 버렸지만 그럼에도 불구하고 예닐곱 명의 선생님들과 백 명이 넘는 아이들이 공부하고 웃으며 함께 커 나가고 있었다.

나는 또 다른 방으로 가 봤다. 교사를 중심으로 아이들이 빙 둘러앉아 있었다. 교사와 아이들이 말했다. "이걸로 해요. 진짜 좋은 이야기예요."

교사가 나를 알아차리고는 이렇게 말했다.

"학교 신문에 투고할 좋은 글을 고르고 있었습니다." 그리고 그 교사가 덧붙였다. "아이작이 쓴 것을 한 번 보세요."

바람
아! 내가 바람이라면 얼마나 좋을까! 세상 곳곳을 돌아다닐 텐데.
내가 부드럽게 불면 싹들이 노래를 할 텐데. "봄이 왔어요. 예쁜 색깔의 모자를 써 봐요."
만약 내가 바다에 있다면 선장의 귀에 속삭일 텐데.
"봄이 왔어요."
아! 아! 하루 종일 즐겁게 뛰어 놀 텐데.

나는 '아이들이 자신의 작품을 통해 즐거움과 웃음을 얻고 있구나'라고 생각하면서 그 방을 나왔다.

하지만 규정된 교과 과정을 다루어야 하는 정규 수업은 여전히 해결하기 어려운 문제였다. 직접적인 체험을 통해 교과 과정에 생기를 불어넣거나 교실을 세상 속으로 밀어 넣는 일은 거의 불가능해 보였다. 문화적 가치를 위한 시간이 없었다. 학급 인원은 많았고 기준 점수는 높았으며 시간은 한정되어 있었다.

어느 날 오후 사무실에 들른 지리 교사 한 명이 이러한 상황을 전형적으로 보여주었다.

그는 키가 작고 통통했다. 그는 한 번 앉으면 절대로 일어나지 않고 또 한 번 누우면 절대 똑바로 앉지 않는 사람이었다. 한마디로 '베개는 많으면 많을수록 좋다'고 생각하는 사람이었다.

그는 의자에 앉아 양손을 주머니에 집어넣고 동전과 열쇠를 만지작거리며 불평을 늘어놓기 시작했다.

"오늘 교육장이 왔었습니다. 지리 수업에 대한 수업 계획안을 주시더군요. 교장선생님께서 보시면 어질어질하실 거예요. 잠시만요, 제가 읽어 드릴게요." 그가 주머니를 뒤져 공책 한 권을 꺼내더니 소리내어 읽기 시작했다. "마이클 쥬닉의 아버지가 다음 주에 가족과 함께 월크스배리로 이사를 간답니다. 이 가족은 오스트리아 광산 지역에서 이주해 온 가족입니다. 그들은 펜실배니아 광산 지역으로 가려고 합니다. 마이클에게 고국에서의 경험과 뉴욕으로의 항해에 대해 이야기하게 하십시오. 왜 마이클의 아버지가 뉴욕에 있기 보다는 펜실배니아로 가려고 하는지 알아보게 하십시오. 뉴욕에서 윌크스배리까지의 여정, 거리, 비용과 소요 시간을 알아보게 하십시오. 두 나라의 석탄 산업과 철강 산업을 비교하십시오. 마이클에게 '오늘 대답하지 못한 부분을 편지로 써서 대답하겠다고 약속해'라고 말하십시오."

"재미있네요." 내가 과감하게 물었다. "시도를 해 보셨나요?"

그는 주머니 속으로 더 깊숙이 손을 집어넣었다.

"물론 하지 않았습니다. 그 반은 시험 공부를 해야 합니다. 윌크스배리가 어디에 위치하고 있는가? 주요 산업이 무엇인가? 철도는? 뭐 이런 것들. 아이들에게 필요한 건 바로 그런 것들입니다. 이제 그만 가 보겠습니다. 긴 하루였습니다. 안녕히 계십시오."

그는 천천히 자리에서 일어났다.

"잘 가세요." 내가 말했다. "내게 수업 계획안을 보여줘서 고마워요. 내가 그 개념을 꽤 좋아한다는 거 알고 계시죠?"

"어떤 거요?" 그가 사무실 문 앞에 멈춰서서 말했다. "아, 그 수업 계획안요? 사고를 자극하고 등등. 예, 좋습니다. 한 번 해 보겠습니다. 문학 시간을 이용하면 되겠죠 뭐. 교육장님 말씀을 잘 따르시네요. 잘 보이세요. 갑니다."

학교는 기념일을 필요로 하고 있었다. 아이들, 어머니들, 할아버지들, 친구들이 하루 동안 같이 느끼며 생각할 필요가 있었기에 나는 식목일을 축제일로 선정했다.

학교 인근의 주민들은 식목일을 학수고대하게 되었다. 연극 동아리에서는 한 학기 동안 상연된 연극 중에서 가장 좋은 장면들만을 골라 합치고, 바꾸고, 재배치했다. 우리는 그때가 다가오고 있음을 직감할 수 있었다. 정식으로 위임받은 학부모회 위원이 "공원 담당 부서가 우리에게 식목일용으로 열두 그루의 나무를 제공했다"라고 보고했을 때 우리는 식목일이 머지 않았다는 것을 알 수 있었다.

금요일 아침, 식목일이다. 우리는 건물 장식이 잘 마무리되었는지 확인하기 위해 한 시간 일찍 학교에 갔다. 교문이 채 열리기도 전에 삼천 명의 아이들이 모여들었다. 아이들과 함께 그들의 어머니들, 고모들, 사촌들 그리고 유모차를 탄 아기들이 있었다. 표가 있는 사람들은 연극을 보기 위해 강당으로 갔고 표가 없는 사람들은 나무 심기와 야외 게임을 하며 기다렸다.

한 아이가 진행 순서를 알려 주었다. 그 아이는 마치 방송국 사회자처럼 옷을 차려 입고 있었다. "모두들 아시는 바와 같이 오늘이 식목일입니다. 오늘은 축제가 열리는 날입니다. 해마다 열두 그루의 나무를 심는 것은 우리 학교의 전통입니다. 아홉 시에 연극 로빈 후드가 공연될 예정입니다. 그리고 열 시에는 나무 심기가 시작됩니다. 각 학년의 학생들은 각자 자신의 나무를 심게 됩니다. 한 시에는 운동 경기를 하기 위해 운동장까지 행진을 할 겁니다. 학교 전통에 따라 일 년에 한 번 부모님과 선생님 그리고 학생들이 열린 공간에서 함께 하는 겁니다. 오늘은 우리의 식목일입니다."

우리는 행진을 했다. 갈색 제복을 입은 공원 관리인들이 나무 심는 일을 도왔고 일학년 꼬마들은 자기들이 심은 나무 주위에서 춤을 추며 노래를 불렀다. 그리고 뒤에 있던 경찰관들은 "우리 때는 이런 게 없었는데. 요즘 애들은 참 좋겠네."라며 아이들을 부러워했다.

음악과 춤은 계속되었다. 남자 아이들은 달리기 시합에서 딴 메달을 자랑스럽게 보여 주었다.

그리고 재미 중의 재미, 아이스크림 아저씨가 왔다.

"아이스크림! 빨리 오세요,
아이스크림! 금방 떨어져요!
하나에 1센트,
하나에 1센트."

잔디 위에 긴 그림자가 드리우기 시작했다. 우리는 헝클어진 머리, 흘러내린 넥타이, 먼지투성이의 신발, 끈적거리는 얼굴 그리고 가장 유쾌한 날이었다는 기억을 안고 집으로 향했다.

문제아와 문제아가 좋아하는 선생님

교사는 하나라도 더 가르치려고 하는데 아이들은 배울 생각이 없다. 그럴 때 마찰이 생기는 법이다. 학교 훈육의 문제는 어떻게 된 것일까?

나는 방과 후 학교에 남기기, 견책, 유급, 정학, 부모 호출 등 학교 책임자들이 할 수 있는 모든 수단을 동원해서, 문제를 일으킨 아이들에게 벌을 주는 것으로부터 시작했다. 하지만 아이들을 따라 거리와 가정으로 들어가면서부터 생각을 바꾸게 되었다. 아이들을 바르게 행동하도록 하기 위해서는 최상의 환경을 제공해야 한다는 생각이 들었다. 훈육이 필요한 아이들에게는 지역 사회, 주민들, 교사들, 의사들의 도움이 필요했기 때문에 학교 훈육은 생활 훈육 그리고 사회적 가치 판단에 자리를 내줄 수밖에 없었다.

제이콥이 처음 우리 학교에 왔을 때의 일이었다. 어찌 된 일인지 첫날 아침 잠시 학교에 머무른 후로는 일 년 내내 학교에 나타나지 않았다. 결석 담당자가 아이들을 잡아 왔을 때 제이콥도 그 속에 끼어 있었다.

아이들은 말없이 정문을 통과해서 초등교육부 사무실로 올라갔다.

결석 담당자는 이렇게 말했다. "좋은 아침입니다. 제이콥을 데려왔습니다. 도대체 뭘 하겠다는 건지 알 수가 없네요. 집에 있는 것도 아니고 그렇다고 학교에 오는 것도 아니고. 지금 보호 관찰 중인데 만약 이 녀석이 계속 말썽을 부리면 불량아 학교에 보내 버리겠어요."

교감은 엄하게 한 번 쳐다보고는 아무 말 없이 제이콥의 손을 잡고 복도로 나왔다. 교감과 제이콥은 오십 명의 남자 아이들이 수업을 받고 있는 교실로 향했다.

"제이콥이 또 왔구나! 제이콥, 조셉 옆자리에 앉아라. 그리고 조셉은 제이콥을 잘 지켜봐야 해. 제이콥이 달아나지 않는지 잘 보란 말이야." 교사가 지시를 했다.

제이콥의 자리는 문에서 가장 멀리 떨어진 곳에 있었다. 하지만 제이콥은 전혀 예기치 않은 순간에 사라져 버렸다. 살금살금 바닥을 기어 교실 문을 빠져 나갔던 것이다. 아홉 살 되던 해에 제이콥은 불량아 학교로 보내지고 말았다.

그러던 어느 날, 뜻밖의 일이 생겼다. 제이콥이 '마음에 드는 선생님'을 발견한 것이다. 그 선생님은 1학년 여학생반을 가르치는 여자 선생님이었다. 제이콥은 그 선생님을 만난 후로는 더 이상 달아날 궁리를 하지 않았다.

"선생님 반에 있고 싶어요."

깜짝 놀란 캐서린 선생님이 말했다. "그런데 제이콥, 여긴 여학생반이고 또 일학년 아이들이 배우는 곳이야."

"어디에 앉을까요?" 제이콥이 물었다.

캐서린 선생님이 정신을 차리기도 전에 제이콥이 빈자리를 찾아 앉았다. 제이콥은 마치 '빨리 시작해요, 선생님. 저는 이대로가 좋아요'라고 말하는 것 같았다.

이제 결석 담당자는 할 일이 없어졌고 제이콥은 어느 반에 배정이 되든 상관없이 캐서린 선생의 교실만 찾아 다녔다.

할 수 있는 일은 한 가지 밖에 없었다. 제이콥을 그녀와 함께 있도록 하는 것이었다. 캐서린 선생은 제이콥의 마음을 이해할 수 있었다. 제이콥은 뭐든 키우는 것을 좋아했고 자라나는 것들의 냄새를 좋아했다. 캐서린 선생은 제이콥에게 기회가 왔다고 생각했다. 화창한 봄날 아침, 출석을 부를 때 제이콥이 대답을 하지 않으면 그녀는 제이콥에게 무슨 일이 있다는 것을 금방 알아차렸다. 그녀는 제이콥을 숲으로 보냈다. 현장학습을 하라는 것이었다. 그러면 제이콥은 자신이 돌보는 '야외의 보물들'을 들고 의기양양하게 돌아왔다.

자신이 캐서린 선생님 학급에 남아 있기에는 너무 커 버렸다는 것을 깨달은 제이콥은 자기 학년을 찾아갈 수밖에 없었다. 하지만 제이콥은 날마다 자신의 '첫 친구'를 찾아갔다.

우리는 캐서린 선생이 우리 학교에 있어 줘서 고마웠다. 그녀가 제이콥을 보살피고 있는 동안 나머지 사람들은 새로운 아이디어를 생각해 냈다.

우리는 문제를 일으키는 아이를 그 아이가 좋아하는 교사에게 배정하기로 했다. 교사들은 필요한 만큼 오랫동안 아이와의 접촉을 유지했고 간혹 아이가 너무 커서 그 교사에게 적당하지 않을 경우에는 또 다른 교사에게 배정했다.

학부모 한 분이 찾아왔다. 그분은 "제발 저희 애 버릇 좀 고쳐 주세요. 자기 동생을 때리고 그릇을 바닥에 내던지고, 정말 못살겠어요!"라며 하소연을 했다. 교사는 그 아이에게 관찰 카드를 건네주며 "부모님께 전해 드려"라고 했다. 얼마 후 그 부모님은 아이의 행실을 관찰한 결과를 카드에 적어 보냈다.

조세핀은 자기 멋대로 학교를 들락거리는 아주 골치 아픈 여자 아이였다. 조세핀의 어머니는 하루 종일 일을 해야 했기 때문에 따로 아이를 교육시킬 시간이 없었다. 하지만 어머니는 아이를 떼어 놓고 싶지 않았다.

"아이들이 없어서 쓸쓸해 하시는 여자 분이 계세요." 방문 교사가 말했다. "아이들이 전부 출가를 했대요. 조세핀의 어머니 역할을 해 주실 수 있는지 그분께 한 번 여쭤 볼게요."

그 여자 분은 조세핀을 받아들였다. '새 엄마'는 아이가 자신을 위해 그리고 다른 사람들을 위해 어떻게 살아 가야 하는지를 가르쳐 주었다.

전에는 교사가 "만약 누군가가 그 아이들이 올바르게 행동하도록 만들어 준다면 제가 가르칠 수 있을 거예요"라고 말했지만 이제는 "제이콥에게 무슨 문제가 있는 것 같아요"라고 말한다. 제이콥을 걸림돌로 여기는 대신 교사의 도움을 간절히 필요로 하는 아이로 여기기 시작한 것이다.

"그 아이는 제가 올바르게 행동하도록 만들어야 해요"에서 "그 아이는 제가 옆에서 지켜보면서 강해지도록 만들어야 해요"로 바뀌고 있었다.

누군가가 복도 끝에서 큰 소리로 항의를 하는 것 같았다. 나는 무슨 일인지 알아보기 위해 소리가 나는 쪽으로 갔다. 여교사 노스가 태비쉬 부인과 대화를 하려고 노력하는데 태비쉬 부인은 고집스럽게 혼잣말을 하고 있었다.

"이해해 주시면 안 되겠어요? 정말이지 전 그 애가 배우는 걸 원치 않아요. 전 그 애가 죽는 것보다는 차라리 바보로 사는 게 더 좋아요." 태비쉬 부인이 소리쳤다.

"아이들은 배워야 합니다. 해리 역시 다른 아이들처럼 교칙을 지켜야 합니다." 교사가 딱부러지게 말했다. "매일 학교에 와야 합니다. 그것도 일찍요. 그리고 배워야 합니다." 여교사 노스는 이 말을 한꺼번에 할 수가 없었다. 항의를 하는 태비쉬 부인의 열변이 잦아드는 틈을 노려 간신히 말을 이어 갈 수 있었다.

내가 나타나자 잠시 침묵이 흘렀지만 이내 교사가 입을 열었다. "잘 오셨습니다. 교장선생님께서 태비쉬 부인을 설득해 보시겠어요?"

"설득? 설득해야 할 사람은 나란 말이에요. 내가 지난 두 달 동안 '선생님 얼굴에 있는 코'처럼 분명한 일을 가지고 선생님을 이해시키려고 노력하지 않았던가요?" 태비쉬 부인이 익살스러운 표현을 써 가며 목소리를 높였다. 나는 태비쉬 부인을 사무실로 모시고 와서 어떻게 된 일이냐고 물었다.

"해리에 관한 문제입니다. 저는 이제 해리를 두둔하고 싶지 않습니다. 그렇다고 그 아이를 탓하고 싶지도 않고요. 선생님을 탓할 생각도 없습니다. 할 수 있는 일이 있고 할 수 없는 일이 있지 않겠습니까? 아이들과 마찬가지로 선생님들도 똑같습니다. 아실 거예요."

"담임교사가 어떻게 해 주길 바라세요?" 내가 물었다.

"애를 좀 내버려 두세요. 그런데 담임선생은 그렇게 하지 않을 겁니다. 담임선생이 그렇게는 할 수 없다고 했거든요. 제게는 열한 명의 아이들이 있습니다. 하나님의 도움으로 모두들 잘 지내고 있죠. 해리는 막둥이예요. 굳이 말하자면 해리는 약간 어리석은 편입니다. 좋은 아이는 맞는데 공부 쪽으로는 좀 모자라는 것 같아요. 교장선생님, 어찌 된 영문인지 담임선생이 두 달 전부터 수업 공부를 해야 한다면서 애하고 실랑이를 벌였어요. 담임선생이 애한테 집착하면 애는 '공부를 다 하려면 밤 늦게까지 학교에 남아 있어야 해요'라는 말만 해요. 담임선생은 날마다 대여섯 시까지 애를 남겨 놓지 않았었던가요? 아직 말씀 안 드렸습니다만 한 번은 해리가 심한 발작을 일으켰어요. 음식을 잘못 먹거나 괴롭힘을 당하지 않는 한 발작을 일으키는 일은 없었거든요. 그런데 이번에는 달랐어요. 자주 발작을 일으키더라구요. 저희 애는 학교에서 돌아오면 식탁에서 잠이 들어요. 그리고 밤이 되면 발작을 일으키죠. 다음날 아침에는 통 일어나지를 못해요. 진이 다 빠져 버린 거죠. 어쨌거나 전 아침을 먹여서 학교에 보냈습니다. 늦게라도 가는 게 안 가는 것보다는 나을 거라고 생각했거든요. 이런 일이 있을 때마다 전 해리 편에 쪽지를 보냈어요. 담임선생에게 해리를 이해해 달라고 부탁한 거였죠. 그런데 어느 날인가 담임선생이 해리에게 '핑계 대지 마! 넌 공부를 해야해. 그리고 매일 일찍 와야 해'라고 했답니다. 담임선생은 애를 붙잡아놓고 공부를 시켰어요. 그랬더니 해리가 집에 와서는 '이제 담임선생님한테는 안 갈 거야'라고 하지 않겠어요? 해리는 정말 학교 가기가 싫었나 봐요. 저는 애를 침대에서 끌어 내려 학교 문 안으로 집어넣을 수밖에 없었어요. 제가 담임선생에게 얘기해 봤지만 담임선생은 '안됩니다. 반드시 학교에 와서 공부해야 합니다'라고 했어요. 전 '잘못되면 당신 책임인 줄 알아요'라고 말하고는 다음 날 아침에 해리를 그냥 내버려 뒀어요. 깨우지 않고 말이죠. 그 다음에 담임선생이 어떻게 했는지 아세요?" 태비쉬 부인은 한 마디씩 강조하면서 말을 이었다.

"담임은 매일 아침 여덟 시가 되기도 전에 우리 집에 와서 초인종을 눌러요. 그리고는 이렇게 말하죠. '해리가 준비됐나요? 제가 데려가겠습니다.' 제가 어떤 말을 해도 소용이 없었어요. 담임선생도 이제 그만 할 때가 되지 않았나요? 제 말이 틀렸습니까?"

"제 생각에는 어머님 말씀이 옳습니다. 해리는 그냥 놔둬야 합니다."

"말씀 잘 하셨습니다. 담임선생 때문에 교장선생님을 비난하고 있는 것이 아닙니다. 제가 말씀 드렸다시피, 할 수 있는 일이 있고 할 수 없는 일이 있습니다. 해리 일로 저를 탓하지는 마세요. 어떤 아이는 목사를 시키고 또 어떤 아이는 석공을 시켜야 합니다. 물론 신이 정하신 대로 살아 가야 할 아이도 있겠죠. 그게 바로 해리입니다." 그녀는 나와 진

심어린 악수를 나눈 뒤 집으로 돌아갔다.

나는 담임교사를 불렀다.

"어머, 죄송해요. 전부 제 잘못이에요. 제가 제대로 들었어야 했는데 그만…… 하지만 전 해리가 게을러서 그런 거라고 생각하고 올바른 길로 이끌어 보려고 했어요. 제가 해리에게 큰 상처를 줬다고 생각하시는 거예요? 해리를 특수 학급에 넣으면 어떨까요?"

"그렇게 합시다. 그게 해리한테도 좋을 겁니다." 나는 교사의 제안에 동의했다.

특수 학급은 크고 밝은 교실을 사용하고 있었고 아이들은 저마다 다른 사유로 특수 학급에 들어왔다. 특수 학급 아이들은 어떤 이유에서든 단체 생활에 적응하기 힘든 아이들이었다.

교실의 설비는 개인이나 집단이 자유롭게 행동할 수 있도록 마련되어 있었다. 몇 개의 벤치는 줄을 맞춰 고정시켜 놓았지만 탁자와 의자는 아이들 스스로 그룹을 만들 수 있도록 따로 떨어뜨려 놓았다. 한쪽 구석에는 재봉틀이 놓여 있었고 또 다른 구석에는 책장이 놓여 있었다. 담임교사는 아이들을 이해하고 도울 자세가 되어 있는 건장한 남자 선생님이 맡았다. 그는 한결같은 열정으로 아이들을 대했다. 공놀이를 하고, 이야기를 들려주고, 아픈 손가락을 동여매 주고, 산수를 가르쳐 주었다. 내가 그에게 '오총사'를 보냈을 때조차도 그는 평정심을 잃지 않았다.

'오총사'는 4-5학년 아이들 중에서도 드세기로 유명한 아이들이었다. 오총사는 친구들을 괴롭히며 허구한 날 싸움질만 했기 때문에 선생님들에게는 골치 아픈 존재가 아닐 수 없었다. 학기가 반쯤 지났을 무렵, 담임교사들은, 획기적인 변화가 없는 한 오총사가 유급을 하게 될 것임을 직감하고 있었다. 그래서 나는 오총사를 특수학급으로 보냈다.

얼마 후 나는 오총사가 어떻게 생활하는지 알아보기 위해 교실을 찾았다. 교사는 분수와 덧셈을 가르치느라 정신이 없었다. 오총사 역시 큰 탁자에 둘러앉아 무언가를 열심히 하고 있었다. '골덴바지'가 낱말 맞추기를 주도하고 있었다.

"이것들을 치우고 교재를 가져와." 골덴바지가 지시를 했다.

"자, 점박이부터 시작해. 천천히 해야 돼. 내가 이해 못한 단어 하나에 감점 1점이야."

"하지만……."

"얼른 시작해. 안 그러면 넌 논쟁을 했기 때문에 1점을 감점당할 거야."

그들은 수업이 끝날 때까지 계속 낱말 읽기를 했다. 그러다가 갑자기 '논쟁'이 일어나서 낱말 맞추기가 중단되고 말았다.

"섬을 *sur*-round 하는 것." '소고기'가 낱말을 읽었다.

"틀렸어. sur-*round* 야." 골덴바지가 틀린 것을 바로잡았다.

"아냐, 조금 전에는 *sur*-face라고 해 놓고 지금은 sur-*round*라고 하잖아. 만약 *sur*-face가 맞다면 sur-*round*라고 해야지." 소고기가 씩 웃으며 의기양양하게 말했다. 골덴바지가 잠시 머뭇거리는가 싶더니 금새 얼굴이 밝아져서 입을 열었다.

"점박아, 사전 가져와."

"아냐, 그럴 필요 없어. 우리 차례가 되면 선생님께 물어보면 되잖아. 선생님께서 뭐라고 하시든 나는 선생님 의견에 찬성이야."

"어떻습니까? 아이들이 좀 나아지는 것 같습니까?" 내가 담임교사에게 물었다.

"훌륭합니다. 더 이상 바랄 게 없습니다. 자기들끼리 번갈아 가며 가르치고 있는데 대체로 골덴바지가 주도하는 편입니다. 그런데 교장선생님께서 점박이 눈을 한 번 봐 주셔야 할 것 같습니다. 제 생각에는 안경에 문제가 있는 것 같은데요. 눈을 많이 사용하고 나면 신경이 예민해지나 봐요."

같은 학년의 다른 아이들에 비해 지나치게 큰 아이 한 명이 많은 문제를 일으켰다. 늘 그렇듯 우리는 아이 부모님께 하소연을 했다. 하지만 부모님이 할 수 있는 일은 없었다. 모리스는 학교에 있을 때보다는 집에 있을 때가 더 안 좋은 것 같았다. 모리스 어머니에게는 모리스가 학교에 있는 시간이 그야말로 축복받은 시간이었다.

모리스는 검사를 받은 후 학년별로 분류되지 않은 교실에 배정되었다. 얼마 후 나는 문제아 명단을 훑어봤다. 그런데 거기에는 모리스의 이름이 없었다. 그래서 나는 어떻게 하고 있길래 나쁜 짓을 하지 않는 것인지 확인하기 위해 교실로 갔다. 내가 교실에 들어갔을 때 모리스는 빳빳한 흰색 종이와, 붓, 페인트 통, 스텐실 세트로 무언가를 열심히 만들고 있었다. 말리려고 칠판에 기대어 놓은 카드 한 장이 눈에 들어왔다. 거기에는 '달걀 아홉 개에 25센트'라는 문구가 적혀 있었다. "선생님! 빵을 어떻게 써야 하죠?" 모리스가 내게 물었다. 그러자 담임교사가 천천히 b-r-e-a-d라고 철자를 알려주었다. 모리스는 노란색 연필을 잡고 '빵'이라고 쓰기 시작했다. 마치 중요한 일이라도 하듯 진지한 표정으로 말이다.

"뭘 하고 있는 거죠?" 나는 나지막한 소리로 물었다.

"모리스는 식료품 가게에서 일하고 싶어 안달입니다." 교사가 대답했다. "제가 식료품 가게에 대해 집중적으로 가르쳐 줬더니 얼마나 좋아하던지요. 놀라울 따름입니다. 모리스는 식료품 가격표를 가지고 산수 공부를 합니다. 그리고 식료품과 관계된 것들을 모두 알고 싶다고 해서 이렇게 백지를 오려서 단어장을 만들어 줬습니다. 모리스는 지금 교장선생님께서 보고 계시는 그대로입니다. 하루 정도는 귀찮아하는 것 같았는데 제가 식료품 표지판들에 대해 이야기를 해 줬더니 그 다음부터는 자기가 더 열심입니다. 루시는 지금 자기 자리에 있습니다. 보시는 것처럼요. 보통 때 같으면 루시가 동생들을 위해 바늘에 실을 꿰 주는데 오늘은 좀 다릅니다. 몸이 안 좋은가 봐요. 물론 몸이 안 좋아서 공부와 관련된 것들은 아무것도 할 수 없지만 그래도 자기 자리에 앉아서 열심히 하고 있습니다. 이상한 일이지만 루시는 그렇게 하는 게 편하고 좋은가 봐요. 아마 아침 내내 일을 할 거예요. 루시가 만들고 있는 바닥 깔개가 그런대로 잘 팔리는 것 같습니다. 루시 어머니도 그 일이 금전적 가치가 있다는 것을 알고는 루시에게 뭐라 하지 않는 것 같구요. 심지어 루시 어머니께서 바닥 깔개 만들 재료까지 보내 주셨어요. 모리스를 정원으로 데리고 나갈까 합니다. 모리스는 운동을 더 해야 하거든요.

내가 교실 문을 나서려 하자 교사가 부탁을 했다. "이야기 시간입니다. 교장선생님께서 이야기 하나만 들려주셨으면 좋겠습니다."

"물론입니다. 좋은 이야기 하나를 알고 있습니다."

아이들 앞에 놓여 있던 것들이 순식간에 벽장과 서랍 속으로 사라져 버렸다. 모리스가 교실 구석에 놓여 있던 '마법 양탄자'를 가져와 교실 한가운데에 펼쳐 놓았다. 아이들이 하나 둘 양탄자 위에 앉았고 나의 이야기가 시작되었다.

우리는 외국에서 온 꼬마 아이들 때문에 많은 어려움을 겪었다.

"저기요. 손가락을 만드는데요, 선생님이 발을 못하게 해요 Plis. I make finger, she no let foot." 아이가 울먹이면서 말했다. 그 아이는, 말이 안 통해 어쩔 줄 몰라하던 교사가 내게 데려온 아이였다. 안타까움이 웃음소리의 여운 속으로 사라지고 있었다.

"선생님, 쟤하고는 아무 것도 할 수가 없습니다." 교사가 숨을 헐떡이며 말했다. "저 아이가 지금 한 말은 '자기가 손을 들었는데 제가 교실 밖으로 나가지 못하게 했다'라는 말입니다. 저 아이도 제가 하는 말을 못 알아듣고 저도 저 아이가 하는 말을 못 알아듣겠어요. 조금 전에 저는 저 아이의 몸짓을 보고는 '자리를 바꾸고 싶어 하는구나'라고 생각했습니다. 그런데 갑자기 교실 밖으로 달아나 버리잖아요. 돌아오지 않길래 찾으러 갔죠. 그랬더니 복도에서 엉엉 울고 있지 않겠어요? 이제야 전 저 아이가 뭘 원했는지 알겠어요. 하지만 어차피 똑같은 일이 반복되고 말 겁니다. 전 지금 많은 시간을 허비하고 있습니다. 저 아이 하나 때문에 시도 때도 없이 수업을 중단해야 하고 또 다른 아이들은 제가 돌아오기를 기다리며 소중한 시간을 허비하게 됩니다."

우리는 그런 아이들을 위해 'C'라는 특별 학급을 만들었다. 우리 학교에 다니는 외국인 아이들은 삼십 명 정도였다. 외국인 아이들을 맡게 된 교사는 나처럼 외국에서 살다 온 교사들 중 한 명으로 나이가 지긋하신 선생님이었다. 우리에게는 외국인 아이들을 위한 계획이 필요했다. 왜냐하면 우리가 겪은 어려움을 아이들이 다시 겪게 할 수는 없었기 때문이었다.

○ ○ ○

하늘을 향해 열려 있는 발코니가 하나 있었다. 위원회는 그것을 교실로 만들어 주었고 덕분에 우리는 허약한 아이들을 그 교실에서 가르칠 수 있었다.

처음에 아이들은 그 교실을 별로 좋아하지 않았다. 다른 아이들이 하는 것과 똑같이 하고 싶었던 것이다. 하지만 '사랑스러운' 여교사가 아이들의 마음을 돌려놓고 말았다. 그녀는 장밋빛 볼과 반짝이는 눈 그리고 찰랑거리는 곱슬머리를 가지고 있었다. 그녀가 "나는 여러분이 있어서 너무 기뻐요"라고 말하자 아이들 역시 기쁨을 감추지 못했다. 그리고는 과자와 우유가 나왔다. 어머니 한 분이 그것을 나눠주려 했을 때 여교사가 "이렇게 와 주셔서 너무 기쁩니다"라고 말하자 선생님을 돕는 어머니를 자랑스러워하는 아이도 있었고 또 '다음에는 우리 엄마한테 하라고 해야지'라고 생각하는 아이도 있었다.

드디어 아이들이 가장 좋아하는 시간이 돌아왔다. 담요를 덮고 누워 '다음에는 무슨 일이 일어날까'하고 궁금해 하는 아이들에게 교사가 〈잠자고 있는 토끼들에게 살금살금 다가가는〉 이야기를 들려주었다. 사실 살금살금 다가가는 대목을 넘어가 본 적이 없었기 때문에 아무도 그 토끼들에게 무슨 일이 있어났는지 알지 못했다.

아이들은 키가 커지고 몸무게도 늘었다. 심지어 혈색이 좋아진 아이들도 있었다.

학기말에 우리는 아이들의 학업 성적이 예전 아이들보다 뛰어나다는 것을 알게 되었다. 몸이 허약해서 큰 걱정을 안겨 주었던 아이들이 개방된 환경에서 생활한 후로는 한 학기 동안 해야 할 공부보다 더 많은 것을 해냈다.

뒤 늦은 후회일지 모르지만 어쨌든 우리는 깨달을 수 있었다. 예전에 낙제했던 아이들이 육체적으로나 정신적으로 준비가 덜 되어 있었다는 것을. 예전 그 아이들은 아데노이드 혹은 부실한 치아 혹은 저하된 소화 기능 혹은 저하된 간장 기능으로 고생을 했고 그게 아니면 약한 시력 혹은 약한 청력 혹은 지나치게 둔감하거나 지나치게 민감한 신경 때문에 힘들어 했다. 그들은 배울 수 있는 처지가 아니었던 것이다.

우리는 먼저, 낙제한 아이들 중 가장 두드러지는 아이들을 따로 분류해 보았다. 알고 보니 그 아이들은 육체적으로나 정신적으로 발달이 늦은 아이들이었다. 우리는 전문가를 불러 낙제한 아이들을 재분류하기 시작했다. 시력 장애가 있는 아이들에게는 일단 안경을 맞춰 준 다음 매달 시력 검사를 받게 했다.

언어 장애아들은 언어 전문가의 지도하에 매일같이 훈련을 받았다.

우리의 노력은 계속되었다. 성적이 기준 이하로 떨어지는 아이들이 나오면 우리는 '기준에 미치지 못하는 것은 아이들 책임이지만 그렇게 되지 않도록 돕는 것은 우리가 할 일이다'라는 생각으로 매번 아이들을 검사하고 분류했다. 중요한 것은 아이들이 자기 자신을 인식할 수 있도록 돕는 것이었다. 하지만 우리가 가진 수단은 교육 과정, 좌석, 교과서 그리고 교사가 전부였다.

놀이, 공부, 외치는 소리, 교사들의 이야기, 부모님과의 진지한 상담, 가정 방문, 수업, 학부모 회의, 부모님의 학교 방문, 칭찬, 비난, 도움 등 혼란스럽게만 보이는 이 모든 학교 활동으로부터 우리 학교의 위대한 이념, 즉 봉사가 태동하게 되었다.

봉사는 우리 자신, 즉 부모님과 아이들, 교장과 교사들 안에 있는 '최고'에 대한 감사에 기반을 두고 있었다. 결국 '우리 모두는 인간이라는 한계 속에서 분투하며 살아 가는 보통 사람들이다'라는 의식이 포용력과 관대함 그리고 서로에 대한 동질감을 심어 주었다. 우리는 그 날 있었던 일에 대해 이야기를 나누었고 재미있는 일이 있으면 같이 웃었다.

나는 교감 선생을 만났다. 그녀의 얼굴에는 수심이 가득했다.

"무슨 일 있습니까?" 내가 물었다.

"조사 작업과 분류 작업을 마치고 개별 아동들에 대해 후속 조치를 취했지만 그럼에도 불구하고 교실에는 '회복될 수 없는' 아이들이 있습니다. 그 교실에는 무언가가 빠져 있었습니다. 제가 마치 아이들 이야기에 나오는 노파처럼 느껴지더군요. 손도 못 써 보고 아이들을 정신 박약아나 불구자로 만들어야 하는 겁니까? 우리가 가진 것은 연필과 종이 그리고 교과서뿐입니다. 교장선생님께서 아이들의 발달을 막는 장애물들을 제거하기 위해 애쓰시고 있다는 건 잘 알고 있습니다. 하지만 갈 길이 먼 것 같습니다. 이건 정말 말도 안 됩니다. 두 시간 동안 아이들이 이야기할 수 있는 시간이 기껏해야 삼십 초밖에 안 된다는 거 알고 계세요? 그것이 우리가 아이들에게 허락할 수 있는 시간입니다. 그러니 영어로 말할 시간이 어디 있겠습니까? 아이들은 교사의 지시가 있을 때만 움직이고 또 교사의 지시를 기다려야 한다는 걸 배우게 됩니다. 우리의 현실이 어떻습니까? 교사 한 명에 학생 오십 명. 그리고 교실 하나를 두 학급이 나눠 쓰고 있습니다. 정말 실망스럽습니다." 그녀는 이런 말을 남긴 뒤 사무실로 돌아가 버렸다.

"맞아요." 나는 혼잣말을 했다. "그게 바로 우리가 걸어온 길입니다. 떨어지는 아이들의 손을 붙잡았지만 아이들이 떨어지지 않도록 하기 위해 무엇을 했는지 모르겠습니다."

열악한 교육 환경

6년이 지났다. 한때 이천 명 정도였던 학생 수가 이제는 거의 사천 명에 육박할 만큼 학교는 커져 있었다. 학생 수가 많아졌으니 교실도 함께 쓸 수밖에 없었다.

방과후 활동을 위한 시간과 장소도 거의 없었다. 수업 시간 역시 다섯 시간에서 네 시간으로 줄었는데 네 시간의 수업으로는 교과 과정을 이수할 수가 없었다. 한 그룹은 8시 30분부터 10시 30분까지 그리고 12시 30분부터 2시 30분까지 수업을 했고 나머지 한 그룹은 10시 30분부터 12시 30분까지 그리고 2시 30분부터 4시 30분까지 수업을 했다.

학교 종은 하루에 다섯 번 울렸다. 종이 울리면 아이들은 이쪽 층에서 저쪽 층으로, 저쪽 층에서 이쪽 층으로 이동하기 시작했다. 나는 하루에 다섯 번씩 규칙적으로 들려오는 발소리를 들었다.

1학년 교실에서 우연히 교감을 만났다. 그 학급은 읽기 수업을 막 시작하려던 참이었다. 교사가 신호를 하자 일곱 명의 아이들이 벌떡 일어나서 읽기 교재를 돌리기 시작했다.

"6장을 펴세요. 페이지 맨 위에 숫자 6과 오리 그림이 있을 거예요."
교사가 말했다. "준비됐나요? 자, 첫 번째 줄부터 시작하세요!" 첫 번째
줄에 앉아 있던 아이들이 벌떡 일어났다. 그리고는 각자 한 문장씩 읽기
시작했다. 한 줄이 읽기를 마치면 그 다음 불이 계속해서 읽었다. 머뭇
거리는 아이는 단 한 명도 없었다.

"낙제한 아이들입니다." 교감이 속삭였다.

아이들은 가끔 실수도 해 가면서 천천히 단어를 읽어 나갔다. 그리고
교감이 칠판 앞에 서서 수업 시간에 읽은 단어들만으로 시를 써 내려 갈
때 나는 그녀가 무슨 생각을 하고 있는지 알 수 있을 것 같았다.

개, 여우, 고양이,

어느 날,

깨어나서,

그리고 말했다,

"오, 비가 오는 날.

우리는 슬프다,

너무나 아쉽게도,

우리는 놀 수가 없네."

그런데 오리가 말했네, "럭, 럭,

이것이 우리의 하루라네."

"이 이야기를 읽어 볼 사람?" 교감이 말했다.

침묵이 흘렀다.

"저는 다른 시를 지어 봤어요." 교사가 속삭였다.

"그게 도움이 된다고 생각하면 바꾸세요." 교감이 말했다.

아이들은 자신이 없어 보였다.

"애들아, 잘 생각해 봐." 교사가 말했다. "너희가 알고 있는 단어들이야."

여전히 침묵이 흘렀다.

"이 단어가 뭐죠?" 교사가 '개'라고 쓰여진 곳을 가리키며 물었다.

"개" 답이 나왔다.

"맞아요. 그럼 이 단어는 뭐예요?"

"여우!"

"정확해요. 그럼 이건?"

"고양이."

"이제 첫 번째 줄을 읽어 보세요."

"개, 여우, 고양이"

"보셨죠? 모르는 게 아니에요. 그냥 자기들 방식대로 하고 싶어 하는 것뿐이에요."

"아무나 한 명 지목해서 오리가 나오는 줄을 읽어 보라고 하세요." 교감이 말했다.

교사가 영리해 보이는 한 아이를 가리켰다.

"윌리엄이 한 번 읽어 볼래?"

"그런데 오리가 말했네, '꽥, 꽥!'"

"이 단어를 아는 친구 손 들어 봐요"

몇 명의 아이들이 손을 들었고 그 중 한 명이 말했다. "럭, 럭."

"윌리엄, 어떻게 된 일이야? 너도 알고 있을 줄 알았는데."

"저도 알고 있어요." 윌리엄이 말했다. "하지만 전에는 '꽥, 꽥'이라고 말했어요."

교실을 나오면서 내가 말했다. "아이들의 90퍼센트가 실력이 있다고 생각하세요?"

그것은 아이들 자신의 단어였다. 아이들은 이야기 속 동물들과 많이 친숙해져 있었다. 그것은 친숙한 음성적 요소로 이루어져 있었고 마치 노래나 이야기처럼 꾸며져 있었다. 하지만 아이들은 여전히 글을 읽지 못했다. 교사가 먼저 읽어 주지 않으면 아이들은 스스로 읽을 수가 없었다. 오리는 항상 '꽥꽥'이라고 말해야 했다.

"이번 학기에 전 똑같은 일을 다섯 번, 여섯 번 시도했지만 아무 성과도 거두지 못했습니다." 교감이 말했다. "그 교사가 '장학사는 책에 있는 것만 물어봅니다. 그리고 오십 명이나 되는 아이들에게 단어와 문장을 가르치는 일도 만만치가 않습니다. 이게 제가 할 수 있는 전부입니다'라고 말했습니다. 다른 선생님들도 마찬가지 아닐까요? 처음 유치부에 들어온 아이들에게 '두려움'을 가르쳤고 또 '교장선생님 사무실 앞을 지나갈 때는 까치발로 살금살금 걸어가야 해'라고 말하지 않았던가요? 바로 이것이 학교 세계입니다. 예전부터 '꽥, 꽥'이라고 말해 왔기 때문에 지금도 그렇게 말하고 있고 또 그렇게 말하는 것이 옳은 것이라고 생각하고 있습니다."

자유로운 사고와 배움의 정신

내가 사는 집은 학교에서 멀지 않은 곳에 있었다. 학교에 익숙해지기 위해 가까운 곳을 선택했던 것이다. 아침 저녁으로 창 밖을 내다보면 나무들 위로 우뚝 솟은 학교 건물이 보였다. 만약 가까운 곳에 살지 않았다면 학교를 위해 쓸 수 있는 시간이 그만큼 줄어들었을 것이다. 학교 근처에 살면 좋은 점이 많았다. 이웃들이 아무 때나 들를 수 있었고 또 교사들이 집에 가는 길에 잠깐씩 들를 수도 있었다. 휴일이 되면 어김없이 아이들이 찾아왔다.

아이들이 필요로 하는 것들에 대해 이야기할 때 우리는 절대 지치는 법이 없었다. 한 가지 일에 대한 이야기를 몇 번이고 되풀이했고 또 이야기를 하면 할수록 우리가 옳다는 것을 확신하게 되었다.

'아이들에게 더 좋은 기회를 제공할 수는 없을까? 학부모회에서 더 많은 일을 할 수는 없을까?' 우리는 아이들에게 더 많은 것을 해 주기 위해 정말 많은 이야기를 나누었다. 물론 이야기를 나누는 과정에서 화를 참지 못하고 심한 말을 내뱉는 사람도 있었다. 느려 터진 일 처리, 학교 간부들의 무관심이 사람들을 분개하게 했지만 어쨌든 우리는 서서히 다음 단계로 넘어가고 있었다.

공원을 가로지를 때의 활기찬 걸음은 매일 아침 나에게 상쾌한 출발을 선사해 주었고, 밤에는 나의 원기를 회복시켜 주었다. 나는 봄, 여름, 가을, 겨울의 사계절이 일정한 방식으로 순환하는 것을 지켜봤다. 나무들이 싹을 틔우고 꽃을 피우고 열매를 맺었다. 그리고는 다시 잠들어 버렸다. 그들에게는 정해진 단계가 있었다. 내가 일의 진척이 느리다며 불평을 늘어놓을 때 나무들이 내게 말을 걸었다. 그러면 나는 미소 띤 얼굴로 다시 발걸음을 옮겼다.

내 마음은 항상 교실과 교사들에게 가 있었다. 용기를 얻고 자유를 쟁취하기 위해 어떤 노력들을 하고 있는지 궁금했다. "여러분이 해야 할 일은 아이들에게 셈법을 가르치는 것이 아닙니다." 아이들을 유난히 사랑하셨던 한 교장선생님께서 내게 해 준 말이었다. "아이들이 배운 지식은 언젠가는 잊혀지기 마련입니다. 아이들에게 필요한 것은 자유로운 사고와 배움의 정신입니다." 우리 교실에 과연 자유로운 사고가 있었던가? 우리 교실에 과연 배움의 정신이 있었던가? 장애아반을 제외하면 스스로 배우려고 하는 아이들은 거의 찾아볼 수 없었다. 교실이 그것을 허락하지 않았다. 교실은 언제나 아이들로 붐볐다. 아이들은 매일 정확한 시간에 이 교실에서 저 교실로 옮겨 다녀야만 했고 요란하게 울리는 종은 끈질기게 아이들을 괴롭혔다. 내가 분명히 알 수 있었던 것은, 교사들이 많은 지식을 아이들 머리 속에 집어넣지 못해 안달이라는 것 그리고 판에 박힌 일상이 강요될 때 아이들이 스트레스를 받게 된다는 것이었다. 나는 보았다. 교사들이 평가하고 재촉하고 감독하는 모습을. 아직까지도 '우리 학교'는 관습, 규칙, 성적 그리고 끊임없는 일상에서 벗어나지 못하고 있었다. '나의 학교'는 여전히 꿈 속의 학교였다.

성장은 급하게 서두른다고 해서 되는 일이 아니다. 적어도(또는 기껏해야) 우리 교사들은 사람들과 소통하기 위한 노력은 게을리 하지 않았다. 학교를 사회화하는 일은 곧 그것을 인간화하는 일이다.

7장

새로운 출발의 방향

교육 환경과 아이들의 행복

학교에서의 생활이 과거에 해왔던 것과 기본적으로 다르게 될 때 학교는 개선을 위해 변화할 것이다.

첫째, 아이들에게 더 좋은 학교 환경이 제공되어야 한다. 무엇보다 먼저 아동 교육의 첫 단계들이 견고해져야 한다. 초등 교육이 충실히 이루어지지 않는다면 고등 교육은 아무짝에도 쓸모 없을 것이다.

아이들은 저마다 뚜렷한 개성을 지니고 있다. 아이들은 즐거워하고 자발적이며 자연스럽고 자유롭다. 그런데 학교는 아이들 각각의 개성을 살려 주기보다는 오히려 그것을 억압해 버린다. 그리고 얼마 되지도 않아 '물에 빠져 버린' 개성을 찾기 시작한다. 우리는 고등학교 학생이나 대학교 학생들에게 솔깃한 제안을 한다. 자기 자신을 마음껏 드러내고 현실적인 문제에 정면으로 맞서라고. 우리는 정말 어리석은 사람들이다! 우리가 죽여 버리고는 죽은 것을 위해 눈물을 흘리니 말이다.

우리는 아이들을 중요한 경제적 요소로 보지 않는다. 비록 아이들이 부모와 교사들에게는 문제가 될지 모르지만 인류 전체로 봤을 때는 그렇지 않다.

정부는 돼지들의 건강과 복지에 많은 신경을 쓰고 농업 당국은 많은 노력과 비용을 들여 수집한 과학적 데이터를 여러분에게 보내 준다.

하지만 아이들에 대해서는 어떻게 하고 있는가? "아, 비용이 너무 많이 듭니다. 그리고 아이들이 너무 많습니다! 교사 1인당 오십 명이 우리가 할 수 있는 최선입니다. 전문가 수준의 교사들이 필요하다고요? 설마 그럴 리가 있겠습니까! 그럴 형편이 안 된다는 걸 잘 아실 텐데요. 고등학교와 대학교 선생님들이라면 모를까 어린 아이들을 가르치는 선생님이 꼭 전문가 수준이어야 할 필요가 있을까요? 저학년 아이들에게는 초보적 수준의 지식만 가르치면 됩니다. 그리고 훈육을 하지 않아도 될 만큼 쉽게 관리가 됩니다. 문제가 되는 것은 상급 학년 아이들이죠!"

우리에게는 과학자와 아동 전문가 그리고 1학년 아이들에게 예술을 가르칠 사람이 필요하다. 우리가 정말 필요로 하는 것은 적정 수준의 '교사 1인당 학생 수' 그리고 자유롭게 생활할 수 있는 공간이다.

교사는 아이들의 영혼과 천재성 그리고 개성의 작은 불꽃을 열정적이면서도 경건한 태도로 지켜봐야 하고 그것들이 다시 짓밟히지 않도록 생명을 불어 넣어야 한다.

만약 국가적 요구에 상응하는 결과를 도출하고자 한다면 우리는 초등교육에 더 많은 돈을 써야 한다. 하지만 현실은 어떤가? 초등학생을 위한 교육 지원비가 1인당 연간 오십 달러인데 반해 대학생 한 명에 대한 교육 지원비는 그 열 배가 넘는다.

3R 교육을 포기할 수는 없다. 하지만 변화하는 시대적 요구에 부응하기 위해서는 3R 교육도 변해야만 한다. 3R 교육은 현실 세계와 보조를 맞춰야 한다. 그리고 그것이 역동적으로 되기 위해서는 현실 세계보다 한발 앞서 가야만 한다. 3R 교육은 아이들 주변의 삶의 흐름, 즉 공장, 상점, 시장, 가게, 정원 그리고 가정과 끊임없이 접촉해야만 한다.

아이들에게 실질적인 것을 체험할 수 있는 기회를 제공하기 위해서는 무엇보다 먼저 학교가 풍족해져야 한다. 책과 단어장 외에도 동물과 식물, 나무와 못 그리고 놀이를 접할 수 있어야 한다.

만약 이러한 것들이 아이들의 개성이나 취향과는 무관하게 일률적으로 적용된다면 매점, 작업장, 놀이방 역시 다른 것들과 마찬가지로 진부해질 수 밖에 없다는 것을 명심해야 한다.

만약 우리가 아이들보다 프로그램에 더 집중하게 된다면 우리는, 교과 과정에서 불필요한 것들을 버리는데 실패했던 것처럼 새로운 프로그램에서 불필요한 것들을 버리는 데에도 실패하게 될 것이다.

"아이들의 정신적 성장에 대한 프로그램의 효과는 무엇인가? 어떻게 하면 아이들의 유년기를 보호하고 또 아이들이 정신적으로나 육체적으로 충분히 성장할 때까지 노동 시장에서의 전투를 피하게 할 수 있을까? 어떻게 하면 효율, 선, 의지 훈련, 시민 의식, 부모의 의무를 아이들의 행복으로 바꿔 놓을 수 있을까?" 바로 이런 것들에 대해 학교는 끊임없이 문제를 제기해야 한다.

자유롭게 말하고 몸으로 체험하라

우리가 해야 할 첫 번째 일은 학교를 풍요롭게 만들어 학교의 성격 자체를 변화시키는 것이다. 그리고 두 번째로 해야 할 일은 교사를 전과는 다른 방식으로 훈련시키는 것이다.

만약 학교의 환경이 아이들의 정신을 왜곡시키는 것이라면 그 환경은 교사의 정신도 왜곡시키고 말 것이다. 만약에 아이들이 학교를 구속된 발전으로 받아들인다면 교사들 역시 학교를 구속된 발전으로 받아들일 것이다.

교사들의 훈련 과정을 간략히 살펴보자.

미래의 교사는 여섯 살이라는 어린 나이에 학교에 들어간다. 어쩌면 학교 생활을 시작하기에는 정신적으로나 육체적으로 너무 미숙한 나이일지도 모르지만 어쨌든 여섯 살이면 시작을 해야 한다.

그리고 이 미래의 교사는 8년이라는 기간 동안 암기를 하고 낭송을 하며 좋은 점수를 받고 진학을 한다. 고등학생이 되어도 달라지는 것은 없다. 암기와 낭송, 좋은 점수와 진학, 그것이 전부다.

미래의 교사는 유아반에 들어가는 첫날부터 조용히 하는 법을 배웠고 힘에 굴복하는 법을 배웠다. 행동보다는 책과 단어를 믿게 되었고 자기 스스로 하기보다는 다른 사람에게 의존하는 법을 배웠다.

"자, 빨리 해 봐. 11 곱하기 12는? 생각을 해, 왜 생각을 안 하니?" 한 교사가 말했다.

하지만 낙심한 채 눈치를 보고 있던 그 아이는 과연 무슨 생각을 하고 있었을까? 교사가 다음 아이를 지목하려 하자 그 아이가 말했다. "생각해 보겠습니다."

그 학급이 체육관으로 이동했다. 체육관 한쪽 구석의 선반 위에는 그날 수업에 사용될 막대기들이 놓여 있었다. "생각해 보겠습니다"라고 말했던 아이가 대열을 벗어나 선반 위에 놓인 막대기들을 내려놓으려고 했다. 교사가 손가락으로 '딱'하고 소리를 내면서 이렇게 말했다.

"이리 와. 허락도 없이 거기서 뭐하는 거야?"

"생각하고 있었는데요?" 아이가 소심하게 입을 열었다.

"생각? 생각할 자격이나 있니? 수업에 대한 생각은 내가 하는 거야. 네 자리로 돌아가. 수업이나 방해하지 않았으면 좋겠구나."

바로 이것이 교사 훈련의 한 부분이었다.

미래의 교사는 교원 양성소로 향한다. 그때까지 거의 기계나 다름없었던 아이는 교원 양성소에서조차 책을 보고 암송을 하고 점수를 받는

다. 머지않아 교사가 될 이 아이는 시험을 보고 채용 후보자 명단에 오르고 마침내 교사로 임용된다.

이제 교사가 된 아이는 교실로 향한다. 그리고 자신이 배웠던 방식 그대로 아이들을 가르치기 시작한다. 장학사가 교실로 들어와 수업하는 모습을 보고는 "잘하네요"라고 말한다. 그리고 교사의 등급을 매겨 버린다.

훈련이 거의 완료되었다.

나중에 그 교사는 장학사가 되기 위해 대학 진학을 결심하게 된다. 대학에 들어가서는 어떻게 되었을까? 달라진 것이 없다. 책과 책상 그리고 교수의 말, 말, 말. 교사는 받아적고 받아적고 또 받아적는다! 시험 기간이 되면 교사는 자기가 받아적은 것을 교수에게 돌려준다. 평가가 이루어지고 등급이 매겨지고 그리고 합격. 물론 예외도 있다. 교사는 새로운 관점으로 무장하고 교실로 돌아간다. 하지만 얼마 지나지 않아 예전 방식으로 돌아가고 만다.

어떻게 하면 새로운 유형의 교사를 배출할 수 있을까?

초등학교 단계에서부터 변해야 하지 않을까? 장차 교사로 성장해야 할 아이가 교과서 암기가 아닌 생생한 경험을 통해 배울 수 있도록 학교를 생기 있게 만들어야 하는 것 아닐까?

만약 좀 더 어린 나이에 자신보다 어린 아이들을 가르쳐 본다면 그리고 교실에서 교사의 수업 진행을 돕거나 교정에서 이루어지는 아이들의 놀이 수업을 도와 본다면 아마 고등학교에 진학할 때쯤 희미하게나마 교사가 자신에게 맞는 '천직'인지 아닌지를 알 수 있을 것이다.

오, 교사들이여, 여러분은 여러분의 일 속에서 영감을 얻어야 한다! 여러분의 정신을 항상 맑게 유지할 수 있는 일을 찾아야 한다. 여러분이 아이들을 위해 하는 일이 곧 여러분에게 생명을 주는 일이다. 이웃과 함께 운명을 같이 해야 하고 아버지와 어머니 그리고 그들의 아이들과 운명을 함께 해야 한다. 지도자로서 여러분의 미래를 계획해야 한다. 책에 의존해서는 안 된다. 여러분이 인간과의 끊임없는 접촉을 유지할 때 여러분은 교과 과정과 학교, 점수와 진급보다는 아동을 더 소중히 여기게 될 것이다.

아이들에 대해 아는 것, 아이들이 성장할 수 있도록 돕는 것은 세상 그 어느 것보다 중요한 일이다. 문제아들을 상대할 때 여러분은 쉽게 그 아이들을 포기해 버리고 만다. 왜냐하면 여러분은 생활 속에서 훈련받은 게 아니라 학교에서 훈련받았기 때문이다. 여러분은 그 문제를 누군가 다른 사람에게 떠넘기려고 한다. 하지만 그렇게 하면 여러분은 길을 잃어버리고 말 것이다. 문제를 해결할 수 있는 유일한 방법은 생활 환경과 접촉하는 것이다.

아이들과 마찬가지로 여러분 또한 오래 전부터 노예처럼 살아 왔기 때문에 늘 두려움에 사로잡혀 있고 또 소신대로 밀고 나가지 못한다.

하지만 두려워할 필요는 없다.

자유롭게 말하고 몸으로 체험하라. 여러분은 그림을 그리는 사람, 조각상을 새기는 사람 그리고 책을 쓰는 사람보다 훨씬 더 위대한 예술가이다. 인간의 행위가 바로 여러분의 작품이다! 여러분은 창조자이다!

변해야 할 것들

첫째, 학교에서의 생활이 변해야 한다. 둘째, 교사들이 생활 훈련을 통해 변화해야만 한다. 셋째, 지나친 중앙 집중적 시스템의 결함을 없애야 한다. 학교는 획일화가 아닌 개별화를 지향해야 한다.

하지만 각 학교가 자기만의 개성을 지니고 또 각 학교가 주변 공동체에서 이상적인 학교로 자리매김하는 것이 가능한 일일까?

대개의 경우 교육 개혁가들은 이상적인 학교를 설계하는 것에서부터 개혁 작업을 시작한다. 그는 학교 생활의 구성 요소들을 신중하게 선정하는 것에서부터 개혁 작업을 시작한다. 그는 독특한 학교, 유일한 학교를 만들기 위해 노력한다.

사립학교나 교육 개혁가로부터 교훈을 얻을 수 있을까?

학교 건물의 물질적인 설비가 지역 주민의 요구에 부합하기 위해서는 학교 부지가 선정되기 전에 그리고 건설 계획이 마련되기 전에 학교가 세워질 곳의 주변 환경부터 연구되어야 한다.

주변 환경을 하나의 단위로 봐야 하고 주민회관, 병원, 교회, 도서관 그리고 운동장이 있는 도시 중심에 학교가 자리잡아야 한다.

만약 학교가 전체 교육 체계에서 가장 중요한 단위라면, 교장과 교직원은 이 체계에서 가장 중요한 간부가 된다. 교장과 교사가 학교의 문제점들에 가장 잘 대처할 수 있기 때문에 각 학교에 교장과 교사가 배치되어야 한다.

건물의 물리적 사용은 완전한 활용, 원했던 목적을 향한 뚜렷한 방향성을 의미하지 않는다. 한 명의 책임자가 그것을 조정하게 할 필요가 있다. 우리에게는 주민회관이 있다. 하지만 그것을 관리하는 책임자가 없거나 책임자들의 평의회가 없다. 그 결과는 마지막 조정이 필요한 단계에서의 단절이었다.

만약 학교가 사람들의 생활에 깊이 관여하지 않는다면, 그 학교는 아이들의 생활이나 교사들의 생활에 깊이 관여하지 않을 것이다. 만약 학교가 민주적으로 사회화시키는 위대한 매개체가 아니라면, 그것은 무용지물이 되고 말 것이다.

학교로 들어온 가정

첫째, 학교가 3R 교육을 위해 만들어졌다는, 근본적으로 잘못된 생각부터 바로 잡아야 한다. 둘째, 거푸집 틀로 찍어내듯 교사를 훈련시켜서는 안 된다. 셋째, 우리 학교가 다른 학교와 똑같이 조직되어야 한다는 생각을 바꿔야 한다. 넷째, 학교의 벽을 허물어야 한다. 그리고 학교가 먼저 사람들과의 소통을 시작해야 한다.

학교가 문을 활짝 열어야 한다. 손을 뻗어 사람들과 접촉해야 한다. 어디에서든 학교의 존재가 느껴지도록 해야 한다. 모든 사람이 학교가 하는 일을 직접 보고 그것을 평가할 수 있도록 해야 한다.

한번은 머리에 숄을 걸친 할머니가 교정을 찾은 일이 있었다. 그녀는 자신의 모국어로 아이들에게 이야기를 들려주었다. 오랫동안 소중히 간직해 온 옛날 이야기였다. 그녀의 목소리는 꿈결 같이 부드러웠다. 이야기꾼이 학교에 온 것이다. 가정이 학교로 들어온 것이다.

어느 날 아침 전체가 강당에 모였을 때, 한 젊은 청년이 피아노에 앉아, 더 큰 경험으로 충만 되어 거장들의 노래를 연주했다. 가끔 연주를 멈추고 설명을 한 다음 다시 연주를 계속했다. 그의 부모는 자신들이 가진 최상의 것을 아이에게 주고 있었다. 가정이 학교 안으로 들어왔다.

학교는 무의식적으로 이런 일들을 하고 있었다. 하지만 이제는 의식적으로 사회적 생활을 조직해야만 한다. 학교는 밖으로 나가야 한다. '우연하게'가 아니라 주도면밀하게 공장과 상점, 공원과 박물관을 활용해야 한다.

교사들은 아이들을 데리고 시장에 가야 한다. 숲에서, 호수에서, 거리에서, 야외에서 그림 수업을 해야 하고 예술가, 음악가, 가수, 광고인, 사진사, 스토리텔러를 학교로 초빙해야 한다. 학교가 필요로 하는 것은 사람들이었다. 학교는 사람들과 하나가 되어야만 했다.

아이들에 대한 믿음

첫째, 학교 생활의 경험을 바꿔야 한다. 둘째, 교사를 새롭게 훈련시켜야 한다. 셋째, 학교를 개별화해야 한다. 넷째, 학교를 사람들에게 넘겨주어야 한다. 다섯째, 아이들에 대한 우리의 태도를 바꿔야 한다.

우리는 아이들을 믿고 있을까? 우리가 과연 로마의 어머니들처럼 "아이들은 나의 보석입니다"라고 말할 수 있을까? 교사 1인당 오십 명의 아이들, 불량 식품, 군대식 훈육 같은 것들이 아이들에 대한 믿음이라고 말할 수 있을까?

아이들에 대한 믿음은 다른 것들에 대한 믿음과 마찬가지로 말뿐인 경우가 대부분이다. 우리에게 필요한 것은 실질적인 믿음이다. 만약 우리가 자유로워진다면 우리는 아이들의 방식을 따라야 한다. 아이들의 방식은 직접적인 방식이다. 아이들은 주변 환경과 접촉하면서 배운다.

아이들은 말한다. "나는 있는 그대로의 나이다. 나는 '그래야만 하는 것'과 싸우는 전사戰士다. 나는 진보의 시작이고 세계를 움직이는 사람이다. 나는 발명하고 성취하고 개혁한다. 나는 떨어지고 미끄러지는 것을 두려워하지 않는다. 나는 길을 잃을까 두려워하지 않는다. 나는 진리다."

아이들이 한 집단의 지혜, 종교, 문학, 의복, 취향, 통치 방식, 판단 기준에 의문을 제기하기 시작하면 그 집단은 촉각을 곤두세워야 하고 아이들의 의문을 심각하게 받아들여야 한다. 그렇지 않을 경우 그 집단은 과거를 돌아보게 되고 관습을 숭배하게 되며 미래의 관점이 아닌 과거의 관점에서 역사를 만들어 가게 된다. 결국 그 집단은 존립을 포기하고 성장을 멈추게 되는 것이다.

진화에 대한 믿음이 곧 아이들에 대한 믿음이다.

인류에게 필요한 것은 성장의 원칙, 결코 거부할 수 없는 정신적 성장의 원칙이다. 아이의 정신은 그 자체로서 변화하고 성장하는 집단 존립의 한 요소이기 때문에 집단은 아이 안에서 그런 원칙을 발견하게 될 것이다.

미국인을 위한 이상은 무엇인가!

미국으로 건너온 내 아버지는 미국을 '일시적으로 머무는 곳'쯤으로 생각했다. 아버지는 조금밖에 혹은 전혀 영어를 배우지 않은 사람이었다. 몇 년이 지난 후 아버지는 "괜찮아, 우리 아이들이 영어를 할 줄 알잖아"라고 말씀하셨다. 그리고 몇 년이 더 흐른 후 아버지가 내게 부탁을 하셨다. 시민권 취득을 위해 시험을 봐야 하는데 그 자료가 필요하다는 것이었다. 아버지와 나는 역사 공부를 시작했다. 시험 당일까지 우리는 부지런히 번역하고 문제를 풀었다.

그날 나는 행복해 하시는 아버지를 뵙기 위해 서둘러 집으로 향했다. "통과하셨어요?" 내가 여쭤봤다.

"그래, 판정관이 '어떻게 그렇게 잘 알고 있느냐'라고 묻길래 내가 '대학에 다니는 아들이 가르쳐 줬다'라고 말했지. 그랬더니 그 판정관이 나를 칭찬하더구나."

더 많은 것들이 필요하다! 만약 아이들이 아니라면 부모님들을 지키기 위해서라도 더 많은 일들을 해야만 한다.

그것이 누가 되었든 상관없다. 아이들에 대한 꿈이 성취되는 것을 볼 수 있도록 그리고 다시 한 번 젊어질 수 있도록 학교가 그들에게 다가가야 한다. 외국인을 미국인으로 만듭시다, 아니, 아이들을 통해 우리의 숙명을 완수하고 미국을 미국답게 만듭시다.

아이들

어제는 비도 내리고 눈도 내렸다. 나는 바람 부는 쪽으로 머리를 숙인 채 걸어가고 있었다. 그때 나는 맞은편에서 걸어 오는 한 남자 아이를 보았다. 그 아이는 내게 달려와 내 손을 잡고는 미소를 지었다. 나는 웃으며 고개를 들었다. 그리고 비와 눈이 만들어 내는 음악에 맞춰 발걸음을 옮겼다.

날마다 학교로 갈 때 그리고 학교에서 돌아올 때 나는 수백 명의 여러분을 만납니다. 여러분의 미소와 반갑게 맞이하는 눈빛은 언제나 아름답습니다.

여러분은 내가 필요하다고 느끼나요? 그렇다면, 오, 나의 아이들이여, 여러분보다 내가 훨씬 더 많이 여러분을 필요로 한다는 것을 알아야합니다. 사람들이 무거운 짐을 지고 있으면 여러분이 그 짐을 가볍게 만들어 줍니다. 사람들이 어디로 가야 할 지 모르면 여러분이 그 길을 보여 줍니다. 사람들의 영혼이 구속되어 있으면 여러분이 그것을 자유롭게 합니다. 나의 아름다운 사람들, 여러분은 꿈이고 희망이고 세상의 의미입니다. 세상이 형제간의 우애로 성장할 수 있는 것은 바로 여러분이 있기 때문입니다.

나는 천 년 앞을 내다봅니다. 내가 보는 것은 사람이나 선박도 아니고 발명품이나 건물이나 시詩도 아닙니다. 내가 보는 것은 바로 아이들, 행복하게 소리치는 아이들입니다. 나는 여러분과 손을 맞잡고 끝없는 날들에 대한 밝은 꿈을 간직할 것입니다.

내가 꿈꾸는 교사의 길

초판 1쇄 | 2016년 3월 15일

지은이 | 안젤로 페트리
옮긴이 | 박현정
편 집 | 이재필
디자인 | 임나탈리야
브랜드 | 우물이 있는 집

펴낸이 | 강완구
펴낸곳 | 써네스트

출판등록 | 2005년 7월 13일 제313-2005-000149호
주 소 | 서울시 마포구 동교동 165-8 엘지팰리스 빌딩 925호
전 화 | 02-332-9384   **팩 스** | 0303-0006-9384
이메일 | sunestbooks@yahoo.co.kr
ISBN 979-11-86430-13-2 (04370)   값은 표지에 표시되어 있습니다.

정성을 다해 만들었습니다만, 간혹 잘못된 책이 있습니다. 연락주시면 바꾸어 드리겠습니다.

이 도서의 국립중앙도서관 출판사도서목록(CIP)은 서지정보유통지원시스템 홈페이지
(http://seoji.nl.go.kr)와 국가자료공동목록시스템 (http://www.nl.go.kr/kolisnet)에서
이용하실 수 있습니다. (CIP제어번호 : CIP2016003070)